Paulas Erkenntnisse für ein leichteres Leben

Der Tanz zwischen den Welten

- Glöckchen 8

Paula Himmelreich

Wieder ist ein Glöckchen vom Himmel gepurzelt, Nummer 8.

Welch ein Segen. Ein Glöckchen, das einen feinen, leisen Ton in die Welt schickt. Ein leises Läuten, das uns weckt- es soll uns daran erinnern, wozu wir auf die Erde gekommen sind.

Wir sind Seele und pure Liebe, die sich auf der Erde niedergelassen hat, um das Licht in uns hell aufzudrehen, damit uns die Menschen folgen können,

auf ***die neue Erde.***

Es sind wundervolle, aber auch sehr anstrengende Zeiten auf der alten Erde. Der Körper wird durch eine Vielzahl einströmenden Energien arg gebeutelt und das Gemüt wird ebenfalls heftig durchgeschüttelt. Die neue Erde ist zum Greifen nahe, die Energien auch. Dieser Wechsel zwischen altem und neuem Leben, ist kräftezehrend, wenn man nicht weiß, wie man seine Energie wieder auffüllen kann.

Der Himmel lässt uns nicht alleine- die Engel schicken ihre Schriften auf die Erde, um den Menschen Trost zu spenden und Hilfestellungen aufzuzeigen, um gut durch diese Zeit zu kommen.

Erzengel Michael hat eine Botschaft zum aktuellen Zeitgeschehen.

Wer weiß, wie er in dieser einmaligen Zeit mit den Energien und dem Leben im außen umgehen soll, hat es leicht und kann fröhlich das Leben genießen.

Das Leben ist nicht schwer, das ist nicht wahr.

Es ist einfach, das ist die Wahrheit.

Ein Büchlein, das sehr hoch schwingt.

Wer es mit einem offenen Herzen liest, kann diese hohe Schwingung fühlen und sich richtig freuen.

Das Leben ist ein Geschenk- und es ist vor allen Dingen lustig, das sollten wir niemals vergessen.

Eine Welt voller Liebe ist bereits da, sie ist nur noch einen Hauch von uns entfernt.

Die Autorin

Paula Himmelreich ist bekannt für ihre Publikationen

zum Thema Bewusstsein.

Paulas Erkenntnisse die das Leben leichter machen

Ihre Erfahrungen möchte sie gerne teilen.

Sind die Menschen grundlos glücklich und lieben sie bedingungslos-

dann ist der Himmel jetzt schon auf Erden.

https://paulas.gratislicht.de/home/

Die Wahrheit ist immer ganz einfach

ist etwas kompliziert,

dann ist es nicht wahr

(Paula Himmelreich)

Haftungsausschluss

Bei psychischen oder körperlichen Beschwerden ist es ratsam einen Arzt aufzusuchen. Dieses Buch stellt keinen ärztlichen Ratgeber dar, und ist kein Ersatz für eine ärztliche Diagnose. Jegliche Haftung ist ausgeschlossen.

In der alten Erde ist die Luft raus

Erzengel Michael nimmt uns mit

Schlusswort

Vorwort

Jetzt wird es spannend: Wie kann man in zwei Welten leben? Kann so etwas in der Realität überhaupt funktionieren? Dieser Titel hört sich auf den ersten Blick sicherlich sehr eigenartig an, doch schauen wir einfach zusammen, was der Himmel uns dazu berichtet.

Falls dies dein erstes Paulabüchlein ist, möchte ich kurz erklären, wie diese kleinen Bücher zustande kommen. Die himmlischen Bewohner, also die geistige Welt des Lichts, bittet mich seit ein paar Jahren regelmäßig zum Diktat. Die Himmelsbewohner möchten uns Menschen etwas Trost spenden und uns aufmuntern in dieser schweren Zeit. Viele Menschen haben nicht den direkten Zugang zu himmlischen Botschaften, deshalb schreibe ich die Durchsagen auf, damit sie jeder lesen kann, der das möchte.

Wir leben in so außergewöhnlichen Zeiten, wie sie noch nie auf der Erde waren. Die Erde mit samt den Menschen, Tieren, Pflanzen und Mineralien steigen auf in eine höhere Dimension. Dieser „Vorgang“ ist voll am Laufen und kostet dem einen oder anderen Menschen den letzten Nerv. (grins). Durch das „Höherschwingen“ der Erde, aber auch von unseren Körpern, können sogenannte Aufstiegssymptome arg zwicken. Wir werden immer lichter, das heißt, wir verändern uns vom grobstofflichen Körper, zu einem viel feinstofflicheren Erdengefährt und das spüren wir natürlich. Die Zellen schwingen jetzt schon, wir haben den August 2022, sehr viel höher, als noch vor 3 Jahren. Wer da seine Hausaufgaben nicht gemacht hat, der wird jetzt arg geplagt.

Wenn du dich jetzt fragst, warum du als Erwachsener immer noch Hausaufgaben machen sollst, dann fangen wir gleich mit dem ersten Kapitel an: Hausaufgaben, die den Aufstieg leichter machen.

Doch vorher möchte ich mich sehr herzlich bei dir bedanken, dass du das Büchlein liest, das freut mich, aber ganz besonders auch den Himmel, sehr.

Es ist hilfreich, das Büchlein mehr zu fühlen, als mit dem Verstand zu lesen. Wenn es dir möglich ist, während dieser kleinen Lektüre deinen Verstand irgendwohin zu schicken, damit du mit einem offenen Herzen lesen kannst, dann wirst du die himmlischen Energien aufnehmen können. Vielleicht kannst du diese hoch schwingenden Energien sogar fühlen. Das Büchlein ist ein Geschenk der Engel an die Menschen, also an dich persönlich. Sie möchten so mit uns in Kontakt sein, um uns ein wenig in diesen turbulenten Zeiten behilflich zu sein.

Dem Himmel sei Dank.

Hausaufgaben die den Aufstieg leicher machen

Jetzt höre ich dich schon stöhnen: „Oje, jetzt ist die Welt eh ein chaotischer Ort geworden, die Knochen schmerzen und die Ohren pfeifen, als ob ein Zug durch den Kopf fahren würde und dann soll ich noch etwas „tun“ auch noch, ach ich bin einfach nur müde und erledigt!“

So, oder so ähnlich könntest du vielleicht auf diese Überschrift antworten.

Nein, ganz im Gegenteil, ich möchte dir genau diese Situation, in der wir alle stecken, erleichtern.

Schau, es ist genauso, als ob du mühselig mit einem Tretroller in deine 3 km entfernte Arbeitsstelle rollerst- ich biete dir ein komfortables Auto an, das dich bequem an deinen Arbeitsplatz bringt.

Es gibt immer einen zweiten Weg, also eine Lösung, die etwas erleichtert, so ist es immer im Leben. Die Kunst ist nur, genau **diesen** Weg zu finden.

Meistens liegt die Lösung direkt vor der Nase, aber wir sehen sie nicht. Genau darum geht es zuerst:

Der Blick für die Lösungen muss wieder freigemacht werden, die Brille auf der Nase sollte ordentlich geputzt werden, damit die Sicht wieder frei ist.

Da ist alles, nur sehen wir das Allermeiste gar nicht.

Wir haben einen richtigen Tunnelblick entwickelt, den gilt es wieder zu erweitern. Unser Geist ist zugemüllt mit enorm vielen Informationen, die wir erst einmal löschen sollten, sonst wird unsere Festplatte immer noch langsamer und wird sich immer öfter aufhängen. Haha, nein, nicht **wir** sollen uns aufhängen, sondern unser Gehirn wird immer noch lahmer, wenn wir zu viel hineinpacken.

Klar, gibt es Genies, die enorm viele Daten in ihren Köpfen speichern können, die haben aber auch kaum Müll dort herumliegen. Sie konzentrieren sich auf das Wesentliche und lassen Banales einfach links liegen.

Solltest du schon einmal etwas von mir gehört haben, weißt du, auf was ich hinaus möchte:

Die kleinen elektronischen Geräte, die permanent etwas „Wichtiges“ auf ihren Displays anzeigen und der Mensch sofort alles stehen und liegen lässt, nur um zu lesen, was ein anderer Mensch geschrieben hat.

So etwas meine ich mit Festplatte im Kopf zumüllen. Dieses ständige Lesen von Nachrichten aus den Computern oder Handys, lähmt ganz enorm die Lebenskraft. Die Lebensenergie wird regelrecht aufgesogen in diese Geräte. Wenn du Energien sehen könntest, würdest du erschrecken. Deine Energie wird sehr durch den Gebrauch elektronischer Gerätschaften geschmälert. Wenn du ständig müde oder krank bist, solltest du einmal schauen, wie viel

Lebenszeit du damit verbringst, in einen Bildschirm zu schauen. Schreib dir das einmal für eine Woche auf, du wirst wahrscheinlich erschrecken.

Jetzt stellt sich die Frage, was wir früher, ohne Handy und Computer, mit dieser Zeit angefangen haben? Wer auch schon, wie ich auch eine alte Schachtel ist, (grins) oder ein betagter Mann, kann sich noch erinnern, wie man sogar ganz ohne Telefon leben kann. (haha). Ja liebe jungen Leser, wir haben damals nicht in Höhlen gewohnt und auch keine Rauchzeichen gegeben. (haha).

Klar, das Internet ist eine tolle Sache, auch die vielen anderen Dienste der digitalen Welt sind oftmals eine Hilfe, keine Frage. Nur sollte man nicht vergessen, dass diese Dinger auch einen Ausschalteknopf haben und man sich nicht selbst zum Sklaven macht.

Die Strahlung ist sehr gefährlich und vor allen Dingen kräftezehrend. Ein Dauerbetrieb ist nicht zu empfehlen.

Wir werden durch den „Umbau" unseres Körpers „empfindlicher", ja so könnte man es sagen. Was früher noch problemlos verdaut werden konnte, wird jetzt zum Problem.

Essensgewohnheiten wollen angepasst werden

Ich habe mich schon öfter gefragt, warum es keine allgemein gültigen Rezepte gibt, die für uns Aufsteigende bekömmlich wären. Nein, nicht nur für uns Aufsteigende, sondern für alle Menschen. Wir haben doch alle denselben Aufbau des Körpers, da müsste es doch für uns alle eine Richtlinie geben, was gesund ist und was nicht. Warum können manche Menschen alles mögliche in sich hineinstopfen und erreichen dennoch ein hohes Alter ohne nennenswerte Erkrankungen und andere dagegen bekommen schon Bauchweh, wenn sie nur eine Quarktasche **anschauen**. (grins).

Hat es etwas mit dem Alter zu tun, warum wir plötzlich immer noch weniger leckere Dinge nicht mehr vertragen?

Nein, ich denke, ich habe eine Erkenntnis gewonnen:

Diese Unverträglichkeiten der Lebensmittel haben mit den ansteigenden Energien zu tun und der damit verbundenen Schwingungsanhebung.

Nicht nur die Erde schwingt höher, sondern wir natürlich auch, also jede einzelne Zelle schwingt höher, oder feiner. Durch dieses „Licht-werden", können nur Lebensmittel verstoffwechselt werden, die auch für uns Menschen so gedacht sind.

Schauen wir uns doch zusammen die Gorillas an, die sind uns ja sehr ähnlich. Das sind wirklich große Artgenossen und ernähren sich nur von dem, was die Umgebung so hergibt: Früchte und Grünzeug. Sie braten sich kein Schnitzel, essen keinen Zwetschgendatschi mit Sahne und auch keine Gummibärchen. Warum, das weiß ich auch nicht, aber wahrscheinlich liegt das daran, weil es um Urwald kein Geschäft gibt. (grins)

An diesem Beispiel kann man sehen, wie weit weg wir uns von einer „normalen" Ernährung bewegt haben. Gut, Urvölker sind da noch sehr nahe an einer guten Ernährung dran, aber bei uns…

All die Krankheiten kommen daher, weil wir uns Dinge in den Mund stecken, die man nicht essen sollte. Das soll aber kein Ernährungsratgeber sein, dennoch muss ich ein wenig darüber schreiben, damit man das mit dem Aufstieg und dem Essen besser versteht.

Es scheint wirklich so zu sein, dass Menschen, die mit in die 5.

Dimension aufsteigen, immer weniger „Zivilisationskost“ vertragen, damit meine ich Nahrung, die nicht gut für uns ist. Alles, was unnatürlich ist, also schon x-mal verarbeitet und mit Chemie zugesetzt wurde, ist für uns gar nicht gut.

Je ursprünglicher ein Lebensmittel ist, umso besser, natürlich ohne Gift.

Wir müssen jetzt nicht gleich übertreiben und nur noch Karotten knabbern, nein, das geht alles von alleine und ist ein schleichender Prozess.

Den meisten Aufsteigenden geht es ähnlich wie mir auch, dass immer mehr ungesunde Lebensmittel einfach nicht mehr vertragen werden, und folglich aus dem täglichen Speiseplan gestrichen werden.

Der Himmel erledigt das für uns. (haha)

Nein, das macht die Schwingung aus. Die Zellen können damit einfach nichts mehr anfangen. Da kommt eine Handvoll Gummibärchen im Magen an und der dreht sich gleich um, weil er keine Lust mehr hat, so einen Haufen Chemie zu zerlegen.

Stück für Stück „gingen“ bei mir die leckeren Sachen. Die Nusshörnchen, die Sahne und die Schleckereien. Dafür kamen leckere Nüsse und Datteln.

Früher hätte man mich jagen können, mit den „gesunden“ Sachen, heute mag ich sie sehr gerne und mir würde wahrscheinlich sogar schlecht werden, bei dem Essen von früher.

Die Frage ist immer noch offen, warum manche Menschen immer noch problemlos ihre Pommes und Bratwurst essen können, ohne, dass ein Problem auftaucht.

Menschen schwingen völlig unterschiedlich und können sich

dementsprechend ernähren.

Es gibt Menschen, die sich nur von Licht ernähren. Sie vermeiden den Umweg über das Essen von Früchten. Wir leben in Wirklichkeit von der Schwingung der Früchte, also der Energie, die in den Früchten gespeichert ist. Wenn wir nur die Sonnenenergie tanken würden, dann könnten wir uns das Essen sparen.

Langweilig !!! (haha)

Irgendwann wird es dann so sein, aber so lange genießen wir noch unsere wunderbaren Früchte, die uns der liebe Gott schenkt.

Also müssen wir uns alle keinen Stress machen und Ernährungsratgeber wälzen- alles wird uns unser Körper signalisieren, was wir für unsere Gesunderhaltung benötigen. Wenn dir nach einer Sachertorte übel wird, dann steigst du einfach um auf Apfelkuchen, so einfach ist das.

Wie merke ich, in welcher Welt ich gerade bin ?

Die Antwort ist kurz und knapp:

Wenn es leicht geht, dann bist du gerade in der höheren Ebene, ist es kompliziert, bist du in der alten Welt.

Geht etwas schwer von der Hand, dann bist du da, wo du schon immer warst (vermutlich)

fühlt es sich leicht und beschwingt an, dann bist du schon auf der neuen Erde.

Kannst du auch das helle Licht sehen, das uns jetzt fast täglich „bescheint“?

Es ist, als ob jemand die Vorhänge aufgezogen hätte. Vor ein paar Tagen hat es bei uns geregnet, so richtig stark. Es sah aus, als wäre es Nacht.

Ich denke, unsere Augen haben sich schon so an das helle Licht gewöhnt, dass eine Bewölkung wie eine Nacht aussieht. Vogelwild!

Unsere Sinne werden immer noch feiner. Ich höre jetzt wirklich eine Stecknadel fallen. Sehr interessant finde ich das. Auch Gerüche kann ich 10 km gegen den Wind wahrnehmen. Wenn ich alleine im Wald bin und weit und breit niemand zu sehen und zu hören ist, kann ich noch die Parfümwolke von den Fahrradfahrern riechen, die schon längst über alle Berge sind. Geht es dir auch so?

Weißt du, durch unser „zivilisiertes" Leben, also auch die degenerierte Nahrung ec, sind unsere Sinne einfach verstopft gewesen. Unsere natürlichen Instinkte sind völlig verkommen, weil wir nicht mehr selbst im Wald unser Essen sammeln müssen, sondern nur mit dem Auto zum Supermarkt fahren und uns das Essen holen.

Jetzt werden wir wieder zu Menschen so wie uns der liebe Gott gewollt hat:

Reine Menschen, mit einem offenen Herzen und einem breiten Grinsen im Gesicht.

Der Körper fühlt sich völlig anders an als früher. Die Zellen vibrieren richtig, oder wie soll ich das beschreiben? Wenn du ähnliches fühlst, weißt du was ich meine. Solltest du das so nicht erleben, dann sei nicht traurig, jeder fühlt diese Energien anders.

Irgendwie kommt mir das so vor, als stünde ich unter Dauerstrom. Es ist ein Gefühl, als ob irgendetwas immer Energie gibt. Dieses völlige Faul-sein von früher kenne ich gar nicht mehr, also das totale „Schlapp-sein".

Gut, müde und kaputt, das gibt es schon manchmal, aber meistens kommt sofort wieder Energie.

Übrigens, wenn dir einmal die Luft ausgeht, dann kannst du ganz leicht Energienachschub bekommen.

Bitte die Engel darum, dir wieder Energie zu schicken, dann bist du gleich wieder fit. Alles ist nur eine Frage, der Bestellung. (grins).

Du kannst auch deine Aufmerksamkeit auf dein Kronenchakra legen und dir Energie wünschen und schon werden die Batterien wieder aufgeladen.

Stelle dir eine Verbindungsschnur vor, direkt zur Urquelle, die dich permanent mit Energie versorgt.

Mache es dir nicht unnötig schwer, es ist wirklich ganz einfach.

Das Bitten im Himmel kostet dich nichts als einen Gedanken und ein offenes Herz. Die Engel und Freunde im Himmel warten nur darauf, dir helfen zu können. Sie machen das mit Freude. Gerade bestätigen sie mir das.

Halte deine Arme offen, damit sie dir haufenweise Geschenke vom Himmel purzeln lassen können und du sie auch auffängst.

Bestelle dir lieber zu viel als zuwenig- man kann nie genug haben! (grins)

In der 5. Dimension geht alles wie geschmiert. Punktgenau funktionieren sogar Kleinigkeiten. Da brennt kein Essen an, da kommen die Kinder pünktlich nach Hause- kurz der Tagesablauf läuft völlig problemlos.

Wir leben ja **noch** den Alltag wie gewohnt, nur mit einer höheren Schwingung. Das heißt, die Ehefrau ist immer noch die „Alte“

(grins) und die Maloche auch, aber die Schwingung ist angestiegen.

Was allerdings passiert ist, dass Dinge, die in der hohen Schwingung nicht mehr existieren können, wegfallen.

Solltest du einen Freund haben, der ein Bankräuber von Beruf ist, wird der bald nicht mehr dein Freund sein können, weil es in der höheren Schwingung keine Verbrecher gibt. (wobei Bankraub… vielleicht kein Verbrechen ist.(haha))

Es gibt sehr viele Seelen, die nicht mit aufsteigen, aus verschiedenen Gründen. Genau diese Menschen werden sich von dir verabschieden, beziehungsweise einfach nicht mehr in deinem Leben sein.

Viele Partnerschaften gehen zu Bruch, weil einer in der alten Welt bleiben will und der andere in die neue Welt aufsteigen möchte.

Stück für Stück werden wir hochgehoben. Das geht nicht so schnell, sonst würden wir wahrscheinlich kaputtgehen. (grins)

Partnerschaften auf dem Prüfstand

Beziehungen, die durch diese Energiewirbel hindurchkommen, die sind bombenfest. Wir haben jetzt so viele Themen im Außen präsentiert bekommen, die spalten, dass man jetzt gut sehen kann, wo man mit seiner Partnerschaft steht.

Eigentlich war die aktuelle Sache mit der Bazille eine echte Prüfung, wenn man es so sehen will, egal wie man zu der Sache steht.

Gut, wir bekommen täglich Geschichten präsentiert, aber die haben nicht so ein Aufsehen erregt, wie diese eine Sache. Klar, warum sollte man sich groß aufregen, wenn in China der besagte Sack Reis umfällt? Alles was weiter weg ist als Österreich, interessiert schon nicht mehr großartig, gell? Klar, das ist auch in Ordnung- würden wir uns das ganze Weltenklagen in unser Gemüt ziehen, würden wir wahrscheinlich nur noch weinen. Du, da gibt es Sachen auf der Welt, wenn wir das alles wüssten, wäre es nicht auszuhalten. Eine Zeitlang ging ich auf Spurensuche, aber das habe ich bald wieder sein lassen. Weißt du, ich habe mir dann gedacht:

Ich kann an diesen schlimmen Dinge nix ändern, weil es außerhalb meines Wirkungskreises liegt. Doch indirekt habe ich natürlich etwas damit zu tun, was in fernen Ländern passiert. Früher, war das nicht so.

Als meine Oma lebte, so um den 2. Weltkrieg herum, haben sie nur einen kleinen Radius gehabt, in dem sie einen Schaden anrichten konnten. (grins, hört sich gemein an, ist aber nicht so gemeint).

Sie kamen nicht viel herum, deswegen diese Schadensbegrenzung.

Damals gab es keine Globalisierung, alles was benötigt wurde für das tägliche Leben, kam quasi um die Ecke. Firlefanz gab es gar nicht, weil niemand das Geld dafür hatte. Gut, in den Städten schaute es damals auch schon anders aus, aber du verstehst, was ich meine.

Heutzutage gibt es gar nichts mehr bei uns zu kaufen, das nicht aus fernen Ländern der Welt kommt, oder fast nichts mehr. Schau ein Toaster, oder eine Bohrmaschine hat 1000 Teile und diese kommen aus zig verschiedenen Ländern der Erde. Überall hinterlassen wir mit unserem Konsum unsere Spuren. Dem kann man nur entgegenwirken, wenn man sich zurücknimmt. Nein, nicht die „umweltfreundlichen" Dinge kaufen, das wird uns auch nur suggeriert, damit wir ein reines Gewissen haben und trotzdem etwas Neues kaufen. Einfach nichts kaufen, was nicht unbedingt nötig ist. Ich vermisse die gebrauchten Autos auf den Straßen. Sind die alle in Afrika? Wo sind die geflickten Hosen? Sind wir schon so dekadent geworden, dass man mit Absicht die Hosen bleichen oder kaputt machen muss, um cool zu sein?

Ja, ich höre schon wieder auf, das ist nur schlechte Energie.

Das war meine Intention schon seit langem:

Je weniger ich konsumiere, umso weniger mache ich kaputt und schade nicht so sehr andere Menschen auf dem Planeten. Wenn ich was brauche, schaue ich so gut es geht, dass es in der Nähe von mir produziert wird, so mache ich das natürlich beim Essen auch. Ich esse immer nur das, was es gerade in der Natur gibt. Gut, Pizza… da weiß ich jetzt nicht, wann die bei uns wächst. … (haha)

Na ja, heiliger als der Papst muss man auch nicht sein, aber so wie es jetzt bei uns läuft, kann es definitiv nicht weiter gehen.

Dazu brauchen wir aber keine Schlauköpfe, besonders so „junge" Schlauköpfe, die sich plötzlich für die Umwelt einsetzen wollen, um dann im Anschluss mit dem dicken Auto von der Mutti abgeholt werden… Du weißt auch da, was ich meine.

Wir haben selber einen Kopf auf dem Hals, der uns mit einem gesunden Menschenverstand verstehen lässt, dass man natürlich nicht den Ast absägt, auf dem man sitzt.

Zurück zur Prüfung und der Partnerschaft.

Jetzt kam einmal etwas „anderes", als „nur" Ausbeutung armer Menschen, sondern eine „Gefahr" in der Gestalt einer Bazille. Gut, einmal etwas Neues, das hatten wir in der neueren Zeit noch nicht. (lächel)

Diese Problematik kam nahe an uns heran und jeder hatte damit zu tun, ob er wollte oder nicht. In alle Bereiche hat sich dieses Thema gefressen, ei, ei, ei…

Jetzt gings los:

Der eine sah die Sache so, der andere anders und schon gingen die Streitereien los. Da ging es so stark zur Sache, dass sich ganze Familien entzweiten und sogar Partnerschaften reihenweise in die Brüche gingen.

War es das wert, oder war die Sache eine echte Prüfung?

Ich denke, es ging nicht nur um eine Erkrankung, das ist offensichtlich. Wir haben, ich weiß nicht, wie viele Krankheiten, mit denen wir mehr oder weniger konfrontiert werden, wenn das immer gleich ganze Familien entzweien würde... Nein, es ging um ganz grundsätzliche Themen.

Es ging um die Wahrheit und um Selbstverantwortung und noch um sehr viel mehr.

Wenn jetzt in einer Ehe plötzlich sichtbar wird, dass der Partner in einer ganz anderen Welt lebt, dann geht es irgendwann nicht mehr, das ist klar. Natürlich waren die gegensätzlichen Ansichten immer schon da, nur wurden sie nicht ausgesprochen, weil es keine Veranlassung dazu gab.

Jeder läuft tagein tagaus in die Arbeit und dann der Freizeitstress, wer hat da noch Lust zu politisieren oder sich um andere ernste Dinge zu kümmern? Viel wird weggedrängt…

Dann kommt man plötzlich nicht mehr herum, die Dinge beim Namen zu nennen. Der Partner ist gar nicht mehr wiederzuerkennen…

Wer jetzt noch zusammen ist, der ist es sicherlich noch länger. Diese Prüfung war sehr intensiv und zeigte die wahren Gesichter der Menschen- so hatte das Ganze, den einen Grund der als gut zu bewerten ist, aber wirklich nur den **Einen !!!!**

Heilwerden muss wirklich gewollt sein

Du kennst sicherlich auch den einen oder anderen Menschen, der kaum, kommst du mit ihm ins Gespräch, dir seine „neueste" Krankengeschichte erzählt. (grins)

Manche Menschen tragen gerne ihre Leiden zu anderen Menschen, das kann viele Gründe haben. Manchmal möchte jemand Mitleid erregen, oder einfach nur ein wenig Aufmerksamkeit. Ein freundschaftlicher Schulterklopfer kann da schon Wunder bewirken. Ist jemand näher vertraut, dann ist eine Umarmung manchmal schon die halbe Heilung.

Ich möchte keineswegs darüber urteilen, warum manche Menschen ihre Krankheit gerne festhalten und ungern hergeben wollen, es kann sehr viele Gründe geben. Alleine, dass es so ist, kann auf dem Weg der Gesundwerdung hilfreich sein.

Vielen Menschen ist es gar nicht so bewusst, dass jede Kleinigkeit, die mit der Krankheit in Verbindung gebracht wird, einen an die selbige, die man eigentlich so gerne loshätte, bindet.

Freilich, wir sind alle konditioniert und haben von Kindesbeinen an gelernt mit Gesundheit oder Krankheit in einer gewissen Weise umzugehen.

Manch einer ist in einer typischen Schulmediziner-Kindheit aufgewachsen, der andere mit alternativen Heilmethoden behandelt worden. Manche Kinder haben ihre Pillen und Spritzen bekommen, die anderen Wadenwickel und Bettruhe mit Zwieback. Das prägt natürlich, immerhin verbringen wir zirka 2 Jahrzehnte (oder sogar mehr) im Elternhaus.

Mich haben meine Eltern immer überbehütet und nur trockengeföhnt aus dem Haus gelassen, damit ich keinen Schnupfen bekomme. Ich musste Strumpfhosen anziehen, bis in den Sommer hinein (haha). Dementsprechend anfällig war ich natürlich für alles, weil ich nicht abgehärtet war. Das habe ich sofort nach dem Verlassen des heimischen Nestes nachgeholt und kalte Wasseranwendungen nach Pfarrer Kneipp regelmäßig gemacht. Mein Immunsystem hat sich schnell verändert und die Rotznase war Geschichte.

Wer in einem Elternhaus groß geworden ist, indem die Krankheiten einen großen Raum eingenommen haben, wird auch dies erst einmal so weiterleben.

Freilich, keine Frage, wenn etwas nicht stimmt im Körper oder in der Psyche muss man sich darum kümmern, sonst checkt man schneller beim Petrus ein, als es einem lieb ist. Wenn der Arm beginnt abzufaulen, dann wird es Zeit zum Arzt zu gehen. (grins).

Nein, ohne Scherz, ob klassisch zum Doktor oder alternativ eine Heilung mit Pflanzen anzustreben, ist wichtig, weil man schnell ein größeres Problem hat, wenn man es ignoriert.

Soweit so gut.

Das Problem wird aber leider noch größer, wenn man es über das übliche Maß des sich Kümmerns hinaus noch verstärkt.

Nur ein Beispiel, dass du weißt, auf was ich hinaus möchte:

Dein Knie ist kaputt, weil du beim Fahrradfahren hingefallen bist. Äußerlich ist es aufgeschlagen und innerlich geprellt.

Ein Verband um das Knie herum ist gewickelt und die Sache ist somit erledigt-

wenn, ja wenn da nicht das Jammern anfangen würde:

Jedem dem du begegnest humpelst du entgegen und erzählst von deinem Unfall.

Genau während dieser Berichterstattung bist du in dieser niedrigen Schwingung. Gut, das war jetzt nicht so ein gutes Beispiel, weil es keine Krankheit ist.

Noch ein Beispiel:

Du hast eine Magen-Darm-Erkrankung (sehr gemein!!!).

Du liegst eine Woche im Bett und leidest.

Nach der Genesung bist du wieder unter den Leuten und, ja und, erzählst jedem, dem du begegnest von deiner Erkrankung.

Wieder bist du in dieser niedrigen Schwingung.

Ganz kurz von mir eine Erkenntnis:

Ich besuchte einen sehr lieben Menschen, wir hatten viel Spaß und supergute Gespräche. Die Schwingung war extrem hoch.

Dann erzählte ich von einer Erkrankung meinerseits und habe sofort gespürt, wie die Schwingung in den Keller ging. Mein Bekannter, dem ich das erzählte, hörte betroffen zu und ich fühlte direkt die niedrige Energie. Nein, es war nur etwas Banales, aber es reichte völlig aus, um die Schwingung zu senken.

Das passiert, wenn man nicht aufpasst. Ich habe sofort das Thema gewechselt und die Energie ging wieder bergauf.

Wir sind immer in genau **der** Schwingungsebene in der wir uns gedanklich oder mit den Gefühlen hineinbegeben. Schauen wir einen wunderschönen Film an, der unsere Stimmung anhebt, dann sind wir „oben“. Streiten wir was das Zeug hält, dann sind wir wieder

„unten“.

Genau **da** wo wir uns hinbegeben, da sind wir auch.

Das mit den Schwingungsebenen ist so ähnlich, als ob wir uns auf eine Reise begeben:

Wir steigen in den Zug nach Garmisch ein. Klar, die Reise geht nach Garmisch. Zu erwarten, wir kämen in Nizza an, wäre schlichtweg dumm. (grins)

Wenn wir jammern und wehklagen, können wir kaum erwarten gesund zu werden, das ist genauso wie in dem Beispiel mit der Zugfahrt.

Du möchtest unbedingt deine nervösen Zuckungen loswerden, dann solltest du alles tun, nur nicht unnötig viel darüber sprechen.

Sicherlich möchte jeder gerne sein Leid auch einmal jemanden erzählen, das ist völlig normal. Dennoch sollte dir bewusst sein, falls du das einmal tun möchtest, dass du in diesem Moment in die Ebene der Krankheit gerutscht bist. Alles, was du tust, das sich um deine Krankheit dreht, wird dich in keine gute Schwingung bringen.

Besser wäre es, deinen Fokus auf die Gesundheit zu legen.

Schau, du hast vielleicht eine Hauterkrankung, die dich ordentlich nervt. Dich viel damit zu beschäftigen und wehzuklagen bringt dich nicht weiter. Gut ist es, deinen Körper zu stärken, was immer dazugehört, damit er wieder in eine gute Balance kommt. Viele gute Dinge zu essen, Entgiftungen einzuleiten, vielleicht auch zu turnen, was auch immer…

Gehe auf Ursachenforschung, was dir deine Seele damit sagen möchte und verändere dementsprechend deine Lebensgewohnheiten, sodass Gesundheit wieder in dein Körpergefährt einziehen kann. Natürlich schließt das einen Arztbesuch nicht aus, das ist völlig klar.

Nur ein Arztheftchen nach dem anderen zu lesen, ist nicht hilfreich.

Ich denke, du weißt, was ich meine.

Richtig ist es, sich gut um seinen Körper zu kümmern und wenn er krank ist auch die erforderlichen Schritte einzuleiten, je nachdem was kaputt ist.

Nicht die Krankheit sollte dein Hauptaugenmerk haben, sondern deine Gesundheit.

So ist es mit allem im Leben:

Den Fokus auf das Positive zu lenken ist immer hilfreicher, als negativ zu denken, das ist völlig klar und nichts Neues.

Das Leben ist ein Geschenk

Geht man so mit einem Geschenk um? (grins)

Manches Mal denke ich mir das wirklich. Wehklagen, wohin man schaut, ich meine jetzt nicht nur bei Schmerzen im Körper, sondern auch in anderen Lebenslagen, aber verändern möchten die Menschen nicht oft etwas. Ja, ich weiß, es ist alles eine Sache von dem Bewusstseinsgrad, das schreibe ich selbst ja ständig, nur den Kopf darf ich auch einmal schütteln, oder? (grins)

Ich möchte mit diesem Absatz nur das Leben in den Vordergrund stellen und das andere, das „drumherum" wegschieben. Da gibt es in unserer konsumorientierten Leistungsgesellschaft einiges, was um das Leben herum stattfindet, das als „wichtig" erachtet wird.

Natürlich lebe ich auch hier und bin in den ganzen Prozess eingefädelt. Auch ich bin steuerpflichtig und fahre nicht alles mit dem Radl.

Aber nur zum Vergleich sollten wir einmal eine kurze Reise unternehmen.

Komm, wir reisen nach Afrika. Ich kenne mich da gar nicht aus, da gibt es ja auch sehr viele Länder mit eben so vielen unterschiedlichen Kulturen, Landschaften und Menschen.

Komm, wir gehen zu einem Volk, das noch natürlich lebt, also „normal".

Da gibt es keine Glotze, keine Telefone und keinen Strom. Also steht man auf, wenn es hell wird und geht nicht so spät ins Bett. Zusammensitzen kann man Abends beim Feuer, und sich Gruselgeschichten erzählen. (grins)

Das Essen wird von den Frauen gekocht, die Wäsche auch von ihnen gewaschen und die Männer überwachen die ganzen Vorgänge. (haha, der musste jetzt sein!)

Es gibt eine klare Ordnung des Zusammenlebens und wer nicht spurt, der wird belehrt oder fortgejagt, so einfach ist das. Alles wird auf direktem Weg erledigt.

Ich denke, auch wenn die Frauen noch ein mühseliges Leben haben, weil alles Handarbeit ist und die Männer natürlich auch, haben sie viel mehr Zeit um zu leben. Schau, die ganze Malocherei, die bei uns als normal angesehen wird, dient doch hauptsächlich dafür, um größtenteils fremde Menschen zu bedienen. Damit meine ich die Großkonzerne und Banken, die bei den Menschen ordentlich abkassieren, von den „Steuern" gar nicht zu reden.

Der Rest geht für Konsumartikel drauf, die eigentlich auch kein Mensch nicht wirklich braucht. Das Auto braucht man auch hauptsächlich für Dinge, die eine afrikanische Frau gar nicht braucht. Sie muss nicht zum Frisör fahren, der ist nämlich am Ort.

Die Kinder gehen zu Fuß in die Schule und Schuhe muss sie auch nicht kaufen, weil sie keine brauchen.

In den Supermarkt muss sie nicht fahren, weil sie keinen haben.

Ins Ärztezentrum muss auch keiner fahren und zum MRT auch nicht, weil sie einen Heiler haben, der richtet alles. Radio brauchen sie auch nicht, sie singen selber und tanzen können sie so gut wie kein weißer Mensch.

Weißt du, erst als die Wichtigtuer, in Form des weißen Mannes zu diesen Menschen kamen, haben sie ihnen die Unzufriedenheit gebracht. Sie haben den Frauen eingeredet, sie müssen in die Arbeit gehen, um sich unabhängig von den Männern zu machen… Da ging es schon los, der Anfang vom Ende…

Klar, mit diesen Menschen, die sich völlig selbst versorgen, ist kein Geld zu verdienen. Das ist ein völlig autarker Kreislauf. So machen es bestimmte Glaubensgemeinschaften in den USA auch, die leben komplett autark. Sie leben ein völlig abgeschottetes Leben. Sie haben keine Lust auf die Globalisierung und das ewige Hamsterradlaufen. Wo hat uns das Ganze hingebracht?

Ich sehe nur noch kranke Menschen und psychisch angeschlagene Menschen.

Um wieder heil zu werden, müssen wir wieder zurück.

Die Besinnung auf unser Leben als Ganzes, das vom lieben Gott geschenkt wurde, ist der allererste Schritt.

Diese afrikanischen Stämme, sind oft, (nicht immer)sehr bewusste Menschen, die leben, ohne sich darüber Gedanken zu machen. Sie leben einfach so lange es geht und dann sterben sie, und machen keinen großen Aufriss darum.

Aufstehen, essen und trinken, sich um das Leben kümmern, schlafen gehen und fertig. Tagein, tagaus, bis es vorbei ist.

Was soll es denn sonst geben?

Meinst du, das dicke Auto macht wirklich glücklich? Hast du einmal ausgerechnet, wie viele Arbeitsstunden du in der Arbeit verbringst, nur um den Untersatz zu finanzieren? Mache das lieber nicht, sonst ärgerst du dich nur.

Wenn du lebst, dann ist das ein Geschenk. Du hast einen Körper bekommen, damit du nicht andauernd als Geist umherwandeln musst und dich keiner sehen kann. (haha)

So kannst du ganz viel machen, das ist toll.

Die ganzen Sinne, die wir haben...

Alleine der Geschmackssinn, ein Traum! Im Sommer das herrliche Eis zu schlecken oder eine Radlerhalbe zu trinken, was will man mehr?

Einen Menschen berühren, ihn zu streicheln, oder ein kleines Kind zu kitzeln bis es einen Schluckauf kriegt, vor lauter Lachen.

Der Oma die Haare bürsten, weil es ihr so guttut, oder dem Göttergatten die Füße massieren, weil es einfach herrlich für ihn ist.

Ein Duftöl zu riechen, oder im Wald nach einem starken Regen zu spazieren ist einfach wunderbar.

Bei einer Affenhitze sich auszuziehen und in den See zu springen und das Wasser zu fühlen.

Eine Dusche kann besonders herrlich sein, wenn man den ganzen Tag richtig geschuftet hat und von oben bis unten schmutzig ist und dann das Wasser richtig laufen lassen kann. (Ich denke mir oft, die armen Afrikaner, bei denen es so heiß ist und staubig, die haben solch einen Luxus gar nicht, die meisten leben da ohne Dusche.

Eine echte liebevolle Umarmung, vielleicht mit einem Bussi, das von Herzen kommt, ist doch Labsal für die Seele.

So ein ordentlicher Sturm fühlt sich doch auch sagenhaft an, wenn man nicht gerade ein Toupetträger ist (haha)

Ein Lachkrampf, der nicht mehr aufhören will, ist echt göttlich.

Auch Zustände, wie sie in einer Meditation erreicht werden können, sind natürlich ganz besonders himmlisch.

Doch auch ein einfaches zufriedenes Gefühl-

ein Gefühl von:

„Ich brauche jetzt nichts, ich bin mit dem, was ist, zufrieden!“

ist schon nahe am Göttlichen dran.

Was könnte es noch geben, was kommen sollte, um endlich glücklich zu sein?

Ich verrate es dir, auch wenn du es selbst herausfinden solltest:

Gar nichts !!!

Überhaupt nichts !

Ich erzähle dir bisschen von mir, wie es mir früher ging:

Lange Zeit hatte ich die Idee, wenn ich dies, das und jenes erledigt hätte, dann wäre ich glücklich. Wirklich, das ist kein Witz.

Ich dachte immer, wenn ich das Gewicht von xy kg erreicht habe, dann fühle ich mich wohl. Wenn ich bestimmte materielle Dinge hätte, dann würde ich mich freuen und so weiter. Gut, ich war noch nie konsumorientiert, aber ich wollte halt dann Sachen für den

Garten ec. Das ist auch völlig egal **was** man denkt zu brauchen, um zufrieden zu sein, denn es geht um die Sache an sich.

Ich dachte, wenn ich eine bessere Arbeit hätte (oder gar keine haha), oder bestimmte Menschen anders wären, dann hätte ich es leichter…

Man, man, man… Das alles war eine völlig falsche Richtung.

Die Wahrheit ist:

Das Leben an sich ist genug, um glücklich sein zu können.

Wir brauchen nicht mehr.

Nur der Gedanke, mehr zu brauchen, macht uns schon unglücklich. Es lenkt unsere Aufmerksamkeit auf außen und da kommen die Erwartungen.

Wenn sich die Erwartungen nicht erfüllen, schauen wir dumm und sind traurig. So haben wir uns selbst ins Aus gestellt.

Typischer Fall von Erwartungen, die meistens nicht erfüllt werden, sind Eheschließungen.

Ein, zwei oder drei Jahre lang ist der Himmel voller Geigen, dann ist man auf den Boden der Tatsachen gelandet und es geht rund.

Würden wir innerlich **ganz** sein, hätten wir kein Problem mit dem Partner, weil derjenige keine Lücke füllen muss.

Wir suchen meistens nur deswegen eine Liebe, damit der andere Teil eine Lücke füllt. Das kann er aber nicht, weil er ein eigenständiger Mensch ist, der ganz anders ist. Derjenige hat nämlich auch genau dasselbe Bedürfnis und meist selbige Erwartung und wird von uns auch enttäuscht sein.

Eine Partnerschaft, die nicht auf einer bedingungslosen Liebe basiert, kann nur in die Hose gehen, das ist amtlich.

Freilich ist auch klar, wer einen knurrenden Magen und von Kopf bis Fuß einen juckenden Hautausschlag, oder eine schlimme Migräne hat, der wird sich schwertun so richtig glücklich zu sein, das ist völlig verständlich.

Aber gehen wir davon aus, es tut nichts weh, es ist nicht kalt und der Bauch ist schön voll, dann darf man sich einfach freuen. Es gibt nichts hinzuzufügen, das noch fehlt.

Wenn etwas fehlt, dann sollten gleich alle Alarmglocken klingeln:

Das ist immer der Egoschlingel der wieder Blödsinn erzählt:

„Wenn du nur endlich einen schönen Urlaub hättest, würde es dir nervlich viel besser gehen, deinen Mann könntest du auch einmal ersetzen gegen einen aufmerksameren und deine Kinder könntest du zur Adoption freigeben, dann hättest du endlich wieder einmal Zeit für dich. (haha).

Glaub mir wirklich, du brauchst nichts, um glücklich zu sein, ganz im Gegenteil. Die materiellen Dinge kosten dich nur unnötig viel Lebenszeit, weil du dich auch um alles kümmern musst. Alles muss geputzt werden und in Ordnung gehalten werden. Ich verstehe jetzt immer mehr solche Menschen, die mit ganz wenigen Sachen in einem Wohnwagen leben, weil sie einfach zum Genießen viel mehr Zeit haben. Das ist eine tolle Sache.

Nein, ich will jetzt niemanden in die Steinzeit zurückschicken, wobei das auch ein dummer Spruch ist. Das Gegenteil ist der Fall:

Die Erkenntnis, dass im Inneren alles da ist, um sich zu freuen, ist sehr, sehr wichtig, weil wir unser Geschenk auch wirklich genießen sollten, so lange als möglich.

Wenn wir zu viel Zeit verplempern, dann ärgern wir uns eines Tages, wenn wir vorm Petrus stehen.

„Mei o mei, das hätte ich mir sparen können, das Tagein, Tagaus in die Maloche zu rennen…!“

Manchmal denke ich mir, das Leben ist eine permanente Wiederholung. Immer und immer wieder macht man dasselbe. Gut, zwischendurch haut man einmal etwas anderes rein, ein Urlaub oder ein Umzug, dann wieder Tagein, Tagaus der ähnliche Ablauf. Aber das ist völlig in Ordnung.

Schau, wenn es einmal nicht so ist, also wenn etwas „passiert“, wünscht man sich aber ganz schnell wieder den Alltag zurück, oder?

Wer einmal im Krankenhaus gelandet ist, oder im Gefängnis, wünscht sich schnell wieder ins heimische Bett.

Der Alltag ist etwas Wunderbares, das einem auch Sicherheit gibt. Wer regelmäßig einen Schlenkerer macht und etwas Außergewöhnliches tut, vielleicht ein kleiner Ausflug, freut sich umso mehr, wenn er wieder zurückkehren darf.

Was freut dich wirklich von ganzem Herzen?

„Wirklich“ habe ich deswegen geschrieben, weil wir uns gerne vermeintlich freuen, aber in uns drinnen schaut es doch nicht so rosig aus. Kennst du auch Menschen, die viel lachen, aber irgendwie kommt es nicht so richtig von Herzen? Sie geben etwas vor, nur um vielleicht freundlich zu sein, oder jemanden nicht zu verletzen. So sind wir erzogen worden: Immer freundlich und nett zu sein, das heißt ein freundliches Gesicht zu einem nicht freundlichen Spiel zu machen. Gut, vielleicht bist du nicht so erzogen worden, aber viele Menschen schon. Wenn an Weihnachten wieder ein Geschenk unter dem Christbaum liegt, das völlig daneben ist und uns gar nicht freut, sollen wir trotzdem artig lächeln und uns bei Tante Trude für das gefühlte 100. Paar Socken bedanken. Dürfen wir zum Kaffeetrinken bei der Verwandtschaft einlaufen, obwohl uns das gar nicht gefällt, sollen wir das nicht kundtun, sondern eine gute Miene machen. Sicherlich kennst du noch einige solcher Beispiele aus deinem Leben, die sich so oder so ähnlich abspielen.

In dieser Konditionierungsschleife hängen wir alle mit drinnen, außer die ganz coolen, die sich völlig aus dem Spektakel verabschiedet haben. (haha, ich bin auch so jemand der so cool ist, grins. Wobei ich lange genug das Spiel mitgespielt habe.)

Nein, es geht mir jetzt um etwas anderes, etwas, das tiefer geht.

Nehmen wir eine Situation an, die du auch wirklich willst, oder denkst, dass du das willst.

Dir ist es sicherlich auch so ergangen, dass im Laufe der Zeit, immer mehr deiner alten Freunde sich verabschiedet haben, also sich der Kontakt verlaufen hat. Sollten die Schwingungsebenen sich verschieden entwickelt haben, dann kann man nicht mehr so miteinander. Die Gesprächsthemen sind nicht mehr dieselben. Jeder geht seinen Weg und so verläuft sich das.

In dieser Zwischenzeit, in der noch nicht komplett die alten Freundschaften getrennt sind, wird sich noch geschrieben oder auch eingeladen.

Das sind aber nur noch höfliche Geplänkel und keine echten freudigen Erlebnisse mehr. Du lädst vielleicht deinen alten Kumpel noch einmal zu einer halben Bier ein, aber tief in dir drinnen, hast du gar keine Lust dazu. Als er dann kurzfristig absagt, bist du insgeheim richtig froh. Du weißt in dem Moment nicht, wie du aus dieser Sache herauskommst. Einerseits hat euch eine jahrelange oder gar jahrzehntelange Freundschaft verbunden, andererseits ist jetzt die Luft raus.

Meist werden solche Dinge mit Lügen beendet, also mit Ausreden, weil es eine unangenehme Situation ist. Wenn man ehrlich ist, so war ich das, verstehen das wenige Menschen. Meist fühlen sich Menschen verletzt und vor den Kopf gestoßen, aber das ist nicht so schlimm. Die Wahrheit ist immer die bessere Option, weil dann der andere lernen kann, damit klarzukommen. Eine Lüge ist nie eine gute Sache.

Nehmen wir ein anderes Beispiel:

Urlaub.

Herrlich, wer mag nicht gerne in den Urlaub fahren? Haha, ich kenne einige, aber die Regel ist das natürlich nicht.

Mensch, endlich einmal alle Viere von sich zu strecken, den ganzen Tag zu schlemmen und einfach nur tolle Sachen machen.

Zeitsprung.

Wieder daheim beim Betrachten der Urlaubsbilder fühlst du innerlich nicht dieses sagenhafte Glücksgefühl, das noch nachglühen müsste… Freilich, auch während des Urlaubs war es gar nicht sooooo toll.

Das Essen war nicht gut, die Mücken raubten dir jede Nacht den Schlaf, die Baustelle neben dem Hotel war laut und der Pool schmutzig. Ehrlich gesagt, fühlst du dich zu Hause viel wohler. Doch irgendwas redet dir jedes Jahr ein, du solltest dich ausruhen und entspannen, aber tief in dir drinnen, würdest du am liebsten zu Hause so richtig abhängen. Aber wie schaut denn das aus? Da kann man ja nichts erzählen, wenn man wieder in die Arbeit geht. Jeder fragt einen dann: „Und Brunhilde, wie war dein Urlaub? Wo seid ihr dieses Jahr gewesen?“

Dann müsstest du ehrlich antworten, dass du nur vom Sofa zum Bett und zurück gewandert bist, sonst nichts. (haha)

Diese Frage, was mir denn **wirklich** gefallen würde, habe ich mir öfter insgeheim gestellt, und die Antwort war immer etwas anderes, als ich dann getan habe.

Gerade bei den Terminen ist es oft so:

Weihnachten, Hochzeiten, Geburtstage, Hochzeitstage ec. und was es noch so alles gibt…

Wie oft hatte ich keine Lust auf Weihnachten, (nicht immer, oft habe ich es genossen) und andere Termine. Alleine schon das sich „schön" anziehen und zu lächeln, obwohl ich vielleicht lieber alleine irgendwo herumgelaufen wäre…

Ich habe deswegen diesen Absatz geschrieben, um dir nochmal aufzuzeigen, dass es das allerwichtigste im Leben ist, **sein** eigenes Leben zu leben, und nicht etwas zu tun, nur weil es andere erwarten, auch wenn es sehr nahe, liebe Menschen sind. Oft habe ich gehört:

„Ich will ja nicht denjenigen, verletzen!"

Ich bin der Ansicht, das ist eine faule Ausrede. Eine Ausrede, weil man sich selbst nicht traut zu sagen, dass man jetzt für etwas keine Lust hat. Ehrlichkeit ist nicht einfach, das muss auch gelernt werden. Zu schnell kommt es zu Ausreden, die eigentlich Lügen sind. Ausrede hört sich nur besser an, gell? (zwinker)

Wenn ich das so schreibe, dann denke bitte nicht, ich bin von Geburt an schon so cool gewesen und habe es immer schon geschafft **meine** Bedürfnisse vornean zu stellen. Ganz und gar nicht! (gibt es das Wort „vornean" überhaupt?, grins)

Viele Jahre lang, habe ich auch das ganze Spektakel mitgespielt. Ich muss auch sagen: Gerne mitgespielt, weil es auch jede Menge Spaß gemacht hat, mit den Leuten. Doch im Laufe der Entwicklung, macht es nicht mehr soviel Spaß und dann sollte man sich gut überlegen, wie und mit wem man seine Zeit **wirklich** verbringen möchte. Schau, die Lebenszeit ist rucki zucki vorbei. Das ist echt schade, wenn man viel Zeit verplempert. Es ist sowieso viel Zeit, die wir zwangsläufig mit Dingen verplempern, die nicht so Spaß machen. Wenn man dann in der Freizeit auch noch faule Kompromisse eingeht, ist das echt schade drum.

Mach doch vielleicht einmal folgendes:

Wenn wieder so ein Termin ansteht, dann unternimm genau in dieser Zeit, also die 3 Stunden, die du beim Kaffeeklatsch bei den Schwiegereltern gesessen wärst, etwas gaaaaaaaaaanz tolles. Vielleicht fährst du einfach wohin, wo du noch nie warst und schaust dir etwas an, einfach so. So kannst du dich motivieren, immer ehrlich zu dir und deinen Liebsten zu sein, um **dein** Leben zu leben.

Unser Leben ist **unser** Leben!!!

Wir müssen nicht unseren Kindern ein Leben lang gute Eltern sein, wer sagt das? Wenn wir Lust dazu haben, ja, sehr gerne, aber wenn nicht, dann nicht.

Ehrlichkeit ist ein echtes Sprungbrett.

Ehrlichkeit ist ein Schlüssel in eine höhere Ebene

„**Was, ich** lüge nie!!!“

„Was die Paula wieder sagt...“ (haha).

Ja freilich, viele spirituellen Menschen lügen natürlich nicht, das meine ich auch nicht mit der Ehrlichkeit. Du denkst vielleicht an eine bewusste Lüge, so etwas wie: „Nein, mein Schatz, ich habe das

Auto nicht angefahren… Ich habe das Waschbecken nicht zertrümmert als mir die Zähne hineingefallen sind, oder „ich habe nicht den Gartenstuhl geliefert als ich mich draufgesetzt habe!“ Das sind echte Unwahrheiten, also Geschichten, die einer erzählt, weil er keine wahre Version erzählen möchte aus irgendeinem Grund.

Ehrlichkeit fängt zuerst bei einem selbst an. Viele Menschen lügen sich sogar selbst in die Taschen, sagt man umgangssprachlich so dahin. „Ach, das mit dem kaputten Knie kommt niemals von meinen 4 Zentnern Gewicht.“ Weißt du, es gibt viele Dinge, die wir „wissen“, aber verdrängen, also schon einmal nicht ehrlich zu uns selbst sind. Das ist aber schon der erste Schritt, der sehr wichtig ist, um spirituell weiterzukommen. Du hast sicherlich auch die eine oder andere Geschichte, vielleicht früher einmal, erfunden, nur um dich selbst zu beruhigen. Jeder Raucher oder Alkoholiker kennt so etwas: Da findet man jede Menge Ausreden, um nur nicht den Schritt aus der Sucht zu wagen:

„Ach, so viel wie ich arbeite, da kann ich mir schon einmal eine Zigarette oder drei Flaschen Wein am Abend gönnen. (grins).“

Menschen die einer Sucht nachgehen, lügen sich immer selber an, zumindest meistens. Sehr wenige sind offen und ehrlich und sagen, sie wissen, dass sie süchtig sind, aber sie kommen nicht davon los Das ist Ehrlichkeit zu sich selbst und zu den anderen. Die Ehrlichkeit zu anderen ist erst einmal gar nicht sooo wichtig, sondern zuerst die Ehrlichkeit zu sich selbst.

„Mei, die zwei Tafeln Schokolade am Abend werden schon nicht sooo schädlich sein, und mollige Menschen sind eh die Gemütlicheren!“

„Nein, ich bin nicht übergewichtig, ich bin nur zu klein für mein Gewicht!“ (ein alter Witz)

Ich könnte noch unendlich weitere Beispiele aufzählen, aber ich bin mir sicher, du weißt, auf was ich hinaus will.

Letztendlich möchten die meisten Menschen toll sein. (haha, was ist das eigentlich, „toll“?)

Ich kenne auch Menschen, denen ist das alles wirklich egal, sie fühlen sich in ihrer Haut pudelwohl und können super mit ihren ganzen „Fehlbarkeiten“ umgehen. (gibt es das Wort eigentlich? Haha. **Ich** kann auch Wörter erfinden, nicht nur die anderen!!! (zwinker))

Das sind dann Menschen, die es echt geschafft haben:

Wenn man sich selber so wie man ist, mit allen „Fehlern“ (was immer das auch sein soll) annehmen kann, dann ist man echt durch.

Schau, jeder hat seine Problemzonen, mit denen er sich im Leben herumplagen muss. Ein ewiger Kampf.

Meine Mutter hat jeden Sonntag (Betonung auf **jeden**!) nach dem viel zu üppigen Mittagessen gesagt:

„Ab Morgen ist Schluss, da gibt es nur noch gaaaaaaaanz wenig zu essen!“ Haha, sie hat ihr Leben lang viele Baustellen gehabt, die sie nie überwinden konnte. Sie konnte sich nicht so annehmen, wie sie war. Sie hatte keine Lust auf ein „gesundes“ Leben, aber ständig ein schlechtes Gewissen, das kann einem gleich Leid tun.

Klar, man kann sich allerhand abgewöhnen, aber die Grundeigenschaften bleiben immer, und weißt du was?

Es ist gut so!

Stell dir vor, wir hätten einen Planeten voller aalglatten Strebern, **was** für ein Langweilerplanet wäre das denn?

Niemand der gehörig über die Stränge schlägt, der sich voll daneben benimmt und auch einmal lauthals seine Meinung kundtut. Es braucht Menschen mit Rückgrat, die sich hinstellen und für andere einstehen, und das sind oft auch diejenigen, die selber viele Baustellen haben.

Menschen, die zu sich selbst ehrlich sind und die ihre eigenen Untiefen erkennen und sie entweder annehmen, oder beheben wollen, das ist eigentlich egal, sind schon einen erheblichen Schritt weiter als viele andere. Nicht die sogenannten Fehler (die es in Wahrheit gar nicht gibt) sind das Problem, sondern das Wegdrücken und es sich selber Schönreden, **das** ist eher ungut. Verstehe mich nicht falsch, das soll keine Wertung sein. Nicht irgendeine Unzulänglichkeit ist es, sondern mit sich selbst **nicht** im Reinen zu sein, weil man innerlich immer irgendwie zerrissen ist. Das ist auf die Dauer ungesund.

Wer sich einen halben Kasten Bier am Abend gönnt und selbst weiß, dass es ohne gar nicht mehr geht, ist ehrlich zu sich selbst, dann ist das völlig ok.

Eine Sucht, zum Beispiel, kann man immer nur dann überwinden, wenn man sie sich eingesteht, der erste wichtige Schritt.

Deshalb bekommen wir manchmal so echt fiese Proben vom Himmel geschickt, um auch einmal scheitern zu können, das ist auch wichtig. Wer sich hier zu einem spirituellen Überflieger aufspielen möchte, wird ganz sicher einen Dämpfer bekommen, um zu lernen, dass man nicht alles meistern kann. Das ist auch nicht die Aufgabe, alles zu lösen, sondern die Wahrheit ist, alles was ist anzunehmen, auch wenn es manchmal wirklich unerträglich ist. Ganz ehrlich, wie siehst du das?

Ich finde, die größte Herausforderung im Leben ist, das Auskommen mit sich selbst und nicht die Geschichten, die im außen gespielt werden. Wer es schafft, sich selbst so anzunehmen wie er ist, kann den Herausforderungen, die das Leben stellt, viel gelassener entgegentreten, als jemand, der bei sich selbst noch viele Baustellen hat.

Ehrlichkeit ist das oberste Gebot, die Veränderung bei sich selbst, steht auf einem ganz anderen Blatt.

Natürlich kommt im zweiten Schritt dann die Ehrlichkeit zu den anderen, die natürlich auch wichtig ist. Wir sind ja nicht voneinander getrennt.

Wer nach seinem Gewicht gefragt wird und 1o Kilo abzieht bei der Antwort, ist aber kein Lügner, wenn „er“ eine Frau ist. (haha) Es gibt „Lügen“, die sind einfach keine. (haha)

Da zählt natürlich das Alter auch dazu und noch ein, zwei andere Geschichten… (grins)

Es erfordert sehr viel Mut zur Ehrlichkeit. Ich habe festgestellt, es hat sich so bei den Menschen als „normal“ etabliert so kleine „Notlügen“ in den Alltag einzubauen. Man hat sogar ein Wort dafür erfunden:

Notlüge!

Welche Not sollte herrschen, um eine Lüge rechtfertigen?

Klar, geht die Welt nicht unter, wenn man flunkert, aber beim spirituellen Fortschreiten, kommt man nicht drumherum, das auch sein zu lassen. Das ist auch ein Verbiegen, wie, als ob man es sich einredet, es macht nichts aus, jeden Abend eine Flasche Wein zu trinken, man wäre deswegen noch lange nicht abhängig. Das funktioniert so nicht. Gell, flunkern hört sich auch niedlich an. (grins) Ich will hier nicht als Spaßbremse auftreten und mich als Superpaula aufspielen. (ui schon wieder ein Wort, sogar ein tolles: Haha „Superpaula“, das gefällt mir)

„So schlimm wird das nicht sein, wenn ich sage, ich liege mit Fieber im Bett, wenn ich keine Lust habe zur Schwiegermutter zum Kaffee zu fahren!“

Freilich ist das nicht „schlimm“! Schlimm ist sowieso gar nichts, bedenklich ist nur das, wenn man vorhat sich selbst in höhere Bewusstseinsebenen zu begeben, dass man dann den Weg der Wahrheit gehen „muss“, weil eine Lüge tief schwingt.

Wenn du bewusst die Unwahrheit sagst, begibst du dich automatisch in eine niedrige Ebene, und das ist natürlich nicht so angenehm, nur um das geht es. Ich möchte keine einzelnen Geschichten bewerten, das steht mir sowieso nicht zu. Ich möchte dir nur aufzeigen, dass du dich selbst in eine ungute Schwingung begibst, wenn du nicht ehrlich bist. Innerlich hast du dann ein schlechtes Gewissen, und das fühlt sich nicht gut an. Menschen, die noch schlafen, also noch unbewusst sind, die haben dabei vielleicht kein schlechtes Gewissen. Die hauen die Lügen einfach so raus und denken nicht darüber nach und fühlen auch kein schlechtes Gewissen. Dann ist da auch kein Problem. Das Problem erscheint erst beim Erwachen, also wenn einem diese Dinge bewusst werden, dann sollte man gut wählen, was man machen will.

Als ich mich auf den Weg gemacht und beschlossen habe, immer die Wahrheit zu sagen, bin ich öfter einmal angeeckt. Klar, immer ist für die anderen die Wahrheit nicht angenehm und schnell einmal wird man ein unangenehmer Zeitgenosse. Das war mir dann egal, weil mir mein eigenes Seelenheil wichtiger war und ist, als die Meinung anderer.

Als ich mich einmal bei einer Arbeitsstelle beworben habe und am ersten Tag eine Viertelstunde zu spät kam (was noch nie der Fall in den ganzen Jahren war) habe ich dem Chef die Wahrheit gesagt, dass ich noch den Garten gießen musste. (haha) Das gefiel ihm gar nicht Klar, eine Lüge wäre schon schlauer gewesen. (grins) Nein, das

Leben liefert uns immer solche kleinen Aufgaben, damit wir unsere spirituelle Laufbahn gut meistern können. Wir müssen immer wieder geprüft werden, sonst wären wir ja völlig umsonst auf der Erde. Wir sind genau deswegen gekommen, damit wir etwas lernen können. Freilich soll es auch Spaß machen das Leben, das ist klar, aber ewig die Anfänger wollen wir auch nicht bleiben. Das ist völlig normal, dass sich eine Seele hinaufarbeiten möchte. (haha). Eine Seele möchte sich selbst erfahren und fühlen, wie es ist im Körper eines Menschen zu leben, mit allem, was dazugehört.

Jesus sagt:

Die Wahrheit wird uns frei machen!

Was nichts anderes heißt, wer weiterhin gerne flunkert und Ausreden gebraucht, wird nie frei sein. Nicht, weil der liebe Gott einen dafür bestraft, sondern, weil derjenige sich selbst einsperrt. Eine Lüge ist wie ein Käfig oder ein Gefängnis.

Wer lügt, hat eigentlich Angst.

Ja, die Angst steckt hinter der Lüge.

Nehmen wir noch einmal das Beispiel mit meinem ersten Arbeitstag. Klar, war mir unwohl, weil ich mir dachte, das ist natürlich echt peinlich, aber den Gedanken habe ich gleich verworfen. Ich dachte mir dann, wenn er mich gleich vor die Türe setzt, dann sollte es einfach nicht sein. So bin ich cool reinmarschiert und habe von meinem Garten erzählt. Mir war klar, was er sich dachte, weil ich dasselbe gedacht hätte wie er. (haha)

Den Weg der Wahrheit zu gehen, ist immer der unbequemere, das ist offensichtlich. Eine bequeme Lüge zu erzählen, ist immer einfacher.

Bei meinem Beispiel hätte die Angst natürlich die Rolle gespielt, den Job nicht zu bekommen. Dann sind es meistens die Ängste vor den Reaktionen der anderen Menschen. Wir haben dann unbewusst Angst, dass uns jemand vielleicht angreift oder gar anschreit, wenn wir ehrlich sind. Auch könnte eine Angst dahinterstecken, jemanden nicht verletzen zu wollen. Schau, wenn man immer ehrlich ist, dann kann das Menschen wirklich verletzen. Doch auch das ist dann das Problem des anderen. Derjenige muss lernen, mit der Wahrheit umzugehen. **Aber**, und jetzt kommt noch etwas Wichtiges:

Man muss aber nicht in der Welt umherlaufen und jedem „ungefragt" seine Wahrheit erzählen. Das machen auch viele Menschen, dass sie Dinge erzählen, die keiner hören will. Das hat etwas mit Feingefühl zu tun. Wenn ich zum Beispiel mit einem dicken Menschen zusammen bin, dann würde es gemein sein, dem von meiner neuen Diät zu erzählen und zu schwärmen, dass ich jetzt endlich wieder meine Kleidergröße 36 habe! (das war ein Witz!)

Es gibt viele Dinge, die kann man getrost für sich behalten, die interessieren keinen Menschen, oder verletzt sogar jemanden, da sollte man gut aufpassen.

Klar, es wird sich nie verhindern lassen, in ein Fettnäpfchen zu treten, aber wenn man es merkt und noch schnell die Kurve kriegt, dann ist alles paletti. Auch das will gefühlt werden. Diese unangenehmen Gefühle, wenn man in ein Fettnäpfchen getreten ist zum Beispiel, wollen einfach gefühlt werden. Wenn du so etwas merkst und dieses Gefühl bewusst fühlst, solange bis es wieder geht, entsteht nie ein Problem. Der andere Mensch ist dann auch nicht beleidigt.

Wer immer genau **das** fühlt, was so daherkommt, der wird nie echte Probleme haben.

Den echten Unterschied macht der **Vorsatz**.

Wenn man unbewusst in ein Fettnäpfchen tritt, ist das gar nicht schlimm. Man verhält sich manchmal ungeschickt, das ist halt so.

Wer allerdings **vorstätzlich** jemanden verletzt, hat ein Problem, das er irgendwann wieder lösen muss, spätestens bei der Rückschau im Himmel. Wer seinen Lebensfilm beim Petrus anschaut und sieht, beziehungsweise fühlen muss, was er anderen angetan hat, wird noch ein bisschen Unangenehmes aufzuarbeiten haben.

Ich bin einmal in ein Fettnäpfchen getreten, (haha, nicht nur einmal) als meine Nachbarin mich fragte, ob ich abgenommen hätte. Ich habe natürlich gleich begeistert von meinem Heilfasten erzählt. Sie fing an, zu weinen. Dann platzte es aus ihr heraus, dass sie Magersucht hätte. Aber das war ganz gut so, weil sie sich öffnete und ich ihr dann helfen konnte, zumindest ein bisschen Hilfestellung geben. Aber damals war mir das richtig unangenehm und tat mir voll leid.

Noch ein kleiner Tipp für Menschen, die sehr ehrlich sind:

Solche Menschen können es oft gar nicht leiden belogen zu werden. Für sie ist es schrecklich, wenn Menschen unehrlich sind und werten das auch. Sie erwarten, dass andere Menschen auch so wie sie sind. Sie haben dann einen sehr hohen ethischen Anspruch und jene, die lügen, sind in ihren Augen keine guten Menschen.

Schon sind wir wieder einmal bei den Erwartungen, die natürlich nie erfüllt werden. (grins)

Wer von jemanden angelogen wird und das als schlimm empfindet, muss auch dieses Gefühl fühlen, nicht mehr und nicht weniger. So einfach ist die Antwort.

Wenn ich jemanden beim Lügen „erwische", was nicht selten vorkommt, weil ich durch meine Empathie natürlich sofort spüre, wenn jemand lügt, dann ist mir das egal. Ich weiß einfach, dass derjenige selbst lernen muss, dass er so nicht weiter kommt. Ich selbst fühle mich nicht beleidigt, weil es mit mir nichts zu tun hat. Wer lügt, schädigt sich sozusagen selbst. Allerdings würde ich den Fehler machen und mich darüber ärgern, dann hätte ich mich natürlich auch in eine niedrige Ebene katapultiert.

Nicht der Lügner hat mir geschadet, sondern ich mir selbst, weil ich mich durch mein ärgern, selbst auf Talfahrt geschickt habe.

Du siehst, egal um welche Geschichten es geht:

Wir sind immer selbst schuld an unserem Glück oder Unglück.

Das ist einerseits eine feine Sache, weil wir tatsächlich unseres Glückes Schmied sind, anderseits können wir, nachdem wir zu dieser Erkenntnis gelangt sind, niemals mehr einen anderen für unser Unglück verantwortlich machen, das ist auch uncool. (haha).

Belohnung, für was eigentlich?

Urlaub, Schokolade, Bier und ein fauler Nachmittag auf dem Sofa, alles soll uns belohnen: Wir haben es uns schließlich verdient.

Natürlich ist nichts gegen Urlaub oder Schokolade zu sagen.

Aber schauen wir uns das mit den Belohnungen einmal genauer an. Alle diese Dinge haben eines gemeinsam:

Sie sind eine kleine Flucht aus dem Alltag.

Gehen wir noch einen Schritt zurück, also zum Alltag.

Der Alltag ist unser Leben, wenn wir uns auch als Arbeitnehmer gerne auf den Feierabend, Wochenende und den Urlaub freuen.

Ich möchte dir nur einen Aspekt aufzeigen, der dir vielleicht dienlich sein kann. Es ist nichts einzuwenden gegen eine Belohnung, die man sich selbst gönnt.

Schaut man sich das Ganze aber vom spirituellen Standpunkt aus an, sieht es ein bisschen anders aus.

Warum wollen wir uns eigentlich belohnen?

Wir denken, etwas getan zu haben, was uns Mühe gekostet hat, oder das nicht so toll war, also brauchen wir ein Leckerli. (grins)

Der Tag war anstrengend, also am Abend eine kleine Torte oder eine halbe Bier… man gönnt sich ja sonst nichts.

Wer das ganze Jahr in die Maloche rennt, der hat sich einmal im Jahr einen Urlaub verdient….

Stelle dir vor, die Belohnungen müssen aus irgendeinem Grund ausfallen, was kommt dann?

Natürlich eine Enttäuschung, weil unsere Erwartungen nicht erfüllt wurden. Das ist schon einmal nicht so prickelnd.

Ich kenne persönlich dieses Muster auch sehr gut von früher, das hatte ich auch gelebt, bis ich festgestellt habe, das ist auch keine gute Energie.

Schauen wir weiter.

Wenn wir der Ansicht sind, dass wir für eine gewisse Lebenszeit, also zum Beispiel den Arbeitsalltag oder etwas anderes, eine Belohnung brauchen, dann denken wir, diese Zeit wäre nicht so toll gewesen.

Besser wäre es doch, man würde so leben, dass es immer toll ist, oder?

Ha, wirst du sagen, die Paula redet sich leicht- die sitzt in ihrem Palast mit ihren Dienstboten und dicken Autos, da kann es einem schon immer gut gehen! (haha). Das, haha, bezieht sich auf den Palast.

Die Kunst ist es, das Leben **immer** gern zu haben, auch wenn es wirklich greislig ist.

Schau, ob wir uns freuen oder fluchen, es ändert nie etwas an dem, was gerade Fakt ist.

Wenn dein Auto nicht mehr fahren will, oder die Straße vor deinem Garten aufgerissen wird, es wird sich nichts ändern, wenn du in die Sache noch eine ungute Energie hineinschickst, ganz im Gegenteil.

Sobald du auf ein schlechtes oder schlimmes Ereignis, was auch immer das sein mag, mit einer negativen Energie reagierst, katapultierst du dich sofort hinunter und bist mit deinem schlimmen Ereignis auf einer Ebene.

Setzen 6!- alles falsch gemacht! (grins)

Nein, nichts falsch gemacht, nur eine neue Lektion gelernt, wie man es **nicht** machen sollte.

Sollte es den Anschein haben, ich kann so etwas mit links, also nie auf Talfahrt zu gehen, dann möchte ich dir sagen, das stimmt so nicht. Ich kann nur deswegen gescheit schreiben, weil ich unzählige Male auf Talfahrt ging, bis ich es verstanden habe, wie es **nicht** geht. (haha)

Schau, wir verbringen unter Umständen sehr viel Zeit in unserem Leben mit Dingen, die wirklich uncool sind. Es gibt immer etwas, das mehr Spaß macht als etwas anderes. Vielleicht ist es deswegen so, weil es sonst auf die Dauer langweilig werden würde, wenn 365 Tage im Jahr alles eitel Sonnenschein wäre. Gut, auf der neuen Erde, wird es so sein, aber da haben wir ein ganz anderes Bewusstsein. Da wird uns das „Langeweilen“ fehlen und wir können es genießen, dass immer alles glattläuft.

Es ist nicht leicht, aber machbar, dass wir lernen in Zeiten der unschönen Beschäftigungen, trotzdem mit voller Hingabe und Elan an die Aufgaben heranzugehen.

Solltest du nicht gerne Geschirr spülen, dann mach es einfach und denke nicht darüber nach, dass es dir nicht gefällt. Sei ganz im Moment und nutze diese Zeit für deine spirituellen Übungen. Ich atme da immer ganz tief und sehr bewusst. So habe ich die Zeit gut genutzt.

Meistens sind es ja die Geschichten drumherum, die es uns schwierig machen, das Leben zu genießen. Wenn du denkst, das Geschirr hätte eigentlich der Sohnemann spülen sollen, dann wird es schon ein wenig komplizierter, einfach im Jetzt zu sein, ohne Geschichte.

Es könnte schnell die Geschichte im Kopf anfangen:

„Mensch, der Rotzlöffel hängt nur vor dem Computer herum, anstatt dass er seiner Mama im Haushalt hilft!“

Da gibt es natürlich Klärungsbedarf.

Doch es ist wie es ist, **jetzt** spülst du ab, also versuche nicht über den Taugenichts nachzudenken, sondern einfach nur zu spülen, und vielleicht währenddessen bewusst zu atmen.

Wir denken immer, ein anderer würde uns die Zeit vermiesen, nein, das ist ein Irrglaube. Das sind wir selber mit unseren Gedanken.

Eine gute Möglichkeit wäre in diesem Fall, einfach fröhlich, pfeifend zu spülen und anschließend dem Sohnemann die Löffel langzuziehen. (haha, das hat man früher immer gesagt)

Durch unsere Erwartungen, kommen immer wieder vom Leben Gelegenheiten, die uns lehren sollen, genau diese zu unterlassen- immer und immer wieder.

Kommt dann der Zeitpunkt, an dem wir die Erwartungen fallen lassen, dann ist es wie von Zauberhand vorbei- alles geht wie geschmiert und es läuft!

Es ist unsere Energie, die bremst.

Das Leben kann nur liefern, wenn wir locker sind und das Leben voll und ganz genießen.

Sagen wir zum Beispiel, du bist ein Fließbandarbeiter und deine Kollegen sind alles Kotzbrocken. (uii, das habe ich mich noch nie getraut zu schreiben… grins)

Ein guter Rat ist es, täglich die Firma vor deinem Eintreffen mit der violetten Flamme putzen zu lassen, dann klappt es viel besser mit den Kollegen.

Beginnst du deine Arbeit dann mit einem offenen Herzen und deiner ganzen Hingabe, dann wird deine einfache Tätigkeit zu einer Meditation. Du gerätst dann in eine Ebene, die dich den Himmel fühlen lässt. Glaub mir, das geht tatsächlich.

Es ist immer die innere Ablehnung, oder der Widerstand:

„Omei, warum muss ich so eine Idiotenarbeit machen? Hätte ich doch auf meine Eltern gehört und studiert, dann könnte ich etwas Sinnvolles arbeiten, das mir Spaß bereitet!“

Genau **das** ist es, was uns veranlasst, uns zu belohnen. Diesen Punkt gilt es zu überschreiten.

Schau, es gibt sooooviele Menschen, die haben ein echt schwieriges und nicht schönes Leben, wenn ich das einfach einmal so pauschal sagen darf.

Manchmal kann man sehen, dass Menschen, deren Lebensumstände alles andere als prickelnd sind, trotzdem ein Leuchten haben. Sie strahlen aus ihrem Herzen ihr Glück hinaus, als wäre es ihnen egal, wie kompliziert ihr Leben ist.

Das sind für mich die wahren Helden. Wer **trotz** widriger Lebensumstände diese Liebe in sich trägt.

Ich kenne Mütter, die behinderte Kinder versorgen, die quasi nie freihaben und trotzdem so glücklich und zufrieden sind- ich bewundere diese Menschen sehr und ziehe meinen Hut vor ihnen. Sie haben eine schier nicht endende Kraft in sich. Weißt du, woher sie die nehmen?

Sie haben ein offenes Herz und einen tiefen Glauben- sie sind durch ihren Schicksalsschlag mit dem lieben Gott auf „du und du". (grins)

Durch diese enge Bindung an den Himmel und ihr offenes Herz, geht ihnen die Energie nie oder sehr selten aus. Sie bekommen permanent Nachschub und schwingen dadurch sehr hoch.

Wenn du mit deinem Leben zufrieden bist und die Liebe herauslässt, dann wirst du keine Belohnung mehr brauchen. Du könntest auch in deiner Firma ein Licht sein. Wenn du die Fließbandarbeit mal vergisst, überlege doch einmal, warum du hier bist? Vielleicht hat der liebe Gott genau in dieser Firma einen Lichtarbeiter gebraucht und der bist **du**.

Die langweilige Arbeit ist Nebensache- du sollst hier sein, weil deine liebevolle Energie dringend nötig ist, warum auch immer.

Also kannst du dir bewusst sein, dass du hier einen Megajob hast, wozu brauchst du dann überhaupt eine Belohnung?

Es gibt sehr wenige Menschen, die sich bewusst sind, was sie in Wirklichkeit auf der Erde machen.

Das ist ein Privileg, wenn man wach ist.

Freue dich darüber und lebe dein Leben fortan so,

dass du dich nicht mehr belohnen musst. (was allerdings nicht heißt, auf Schokolade, Reisen und Bier zu verzichten lächel)

Was sind Fehler im spirituellen Sinn?

Fehler gibt es sowieso nicht, weil alles nur Erfahrungen sind. Ich möchte nur ein paar Beispiele aufzählen, um Anstöße zu geben, sich das Leben ein wenig leichter machen zu können.

Ein Fehler, bitte sehe es mir nach, wenn ich es so nenne, du weißt, dass ich nichts bewerten möchte, sondern nur Beispiele aufzeigen, ist „nicht glücklich zu sein". (haha, das war nicht ganz ernst gemeint).

Fehler aus einer spirituellen Sichtweise, machen uns das Leben unnötig schwer, darum zähle ich da ein wenig auf, weil es dir vielleicht bisschen helfen könnte, das Leben leichter zu nehmen.

Ein Fehler ist es, die Gedanken einfach so wild herumschwirren zu lassen. Ich denke, Gedanken sollten genauso trainiert werden, wie ein Hund. (Nein, ich finde gar nicht, dass man die armen Hunde dressieren sollte, aber klar, ein bisschen Anstand müssen sie auch lernen, sonst gibt es leicht Ärger mit den Mitmenschen)

Gedanken sind Energie. Stelle dir vor, jeder Gedanke, den du aussendest, wäre ein Lichtstrahl.

Du denkst zum Beispiel an die Tante Frieda, wie sie im Altenheim wohnt und was sie wohl gerade macht. Deine Gedanken sind nett und liebevoll, weil du sie gerne magst. So wird jetzt der Tante dein heller Lichtstrahl zu ihr gesandt. Ihr Herz wird berührt, vielleicht denkt sie auch an dich, weil sie ein offenes Herz hat und dir wohlgesonnen ist. Zwischen zwei Menschen, die sich gernhaben, können sehr leicht Gedanken übertragen werden. Sie schwingen auf derselben Wellenlänge.

Ein anderes Beispiel:

Du bist stinksauer auf deinen Chef. Der hat dich in eine Idiotenabteilung versetzt, wo es dir gar nicht gefällt. Es ist Wochenende, aber du kannst deinen Gedankenfluss einfach nicht bremsen. Du ärgerst dich so über deinen Chef, dass du ihm gedanklich alles Mögliche wünschst, nur nichts Gutes. Das ganze Wochenende versaust du dir selbst, weil du dich so ärgerst. Könnte man jetzt die Energiestrahlen sehen, die aus deinem Kopf herauskommen, dann wären sie pechschwarz. Sie treffen deinen Chef auch, genau wie die lichtvollen Energien, wenn du nett bist.

So, jetzt hast du deinem Chef schlechte Energie geschickt, aber das war noch nicht das Ende der Geschichte.

Durch dein ärgern, bist du energetisch stark abgerutscht. Du hast dich in eine sehr tiefe Schwingungsebene katapultiert, in der es alles andere als fein ist.

In einer tiefen Ebene, gibt es viele Dinge, die nicht gut für uns sind, bis hin zu einer Krankheit.

Wenn du tief schwingst, machst du schnell Fehler, es könnte sogar ein Unfall passieren, oder du gerätst in eine Schießerei (grins).

Egal was im außen passiert, es ist wirklich immer die wichtigste Sache überhaupt, schnell wieder in eine höhere Schwingung zu klettern. Ja, ich weiß, das ist leichter gesagt als getan. Wenn einen etwas richtig wurmt, dann ist es äußerst schwierig das Gedankenkarussell anzuhalten und eine andere Platte aufzulegen.

Vielleicht ist das eines der schwierigsten spirituellen Übungen überhaupt, sich selbst aus einem Tief wieder zu befreien. Ich kann dir nur von eigener Erfahrung berichten, dass es alles Übungssache ist. Ich habe sogar ein eigenes Büchlein geschrieben speziell, was man alles tun könnte, um wieder hochzufahren.

77 himmlische Geschenke um deine Schwingung zu erhöhen - GLÖCKCHEN 4

Es ist tatsächlich so, dass wir unser Gehirn trainieren können, das heißt, wenn wir uns bestimmte Dinge angewöhnen, dass die gespeichert werden und dann beim nächsten Mal leichter abrufbar sind.

Als ich es zu üben begann, war ich „unten", also im Loch und dachte ich käme nie mehr raus. Ich tat mir selber leid und war einfach nur verzweifelt. Egal, ich machte alles nach Anleitung, weil ich mir dachte, die spirituellen Lehrer werden es schon wissen. Also, immer und immer wieder, bin ich so gut ich konnte rausgekraxelt. Du, dann kam der Zeitpunkt, an dem ich mich erinnern konnte, dass es wieder vorbeigeht und ich sowieso wieder oben auf meiner Wolke 7 sein werde. Ich müsse einfach nur richtig traurig sein, fleißig atmen und warten bis der Schmerz ginge. Vor allen Dingen musste ich raus aus den Gedanken gehen, denn genau **das** ist das Problem. Wir hängen so sehr in der Geschichte drinnen, dass wir sogar denken, sie wäre echt. Sie ist aber nicht echt, sie ist nur zu uns gekommen, damit wir lernen, mit solchen Ärgereien umzugehen und sie zu überwinden, so einfach ist das, ja und gleichzeitig so schwer. Du, aber es ist machbar. Bleib einfach dran, es lohnt sich wirklich. Ein Leben ohne das ewig lange Leiden, ist viel schöner und macht enorm viel Spaß, das kannst du mir glauben.

Das allergrößte Problem sind unsere Gedanken, auch die schönen. Wenn man es schafft raus aus den Gedanken zu gehen, also einfach normal zu leben, dann hat man es geschafft. Ich meine nicht die Gedanken, die wir benötigen, um etwas zu tun, also unseren Verstand, um zu denken, ich meine die Gedanken, die sinnlos umherrattern im Oberstübchen.

Wenn du etwas tust, dann musst du nicht nebenbei an etwas anderes denken. Sei ganz bei der Sache, dann lebst du. In der Zeit, in der wir etwas erledigen, aber die Gedanken sind ganz woanders, leben wir nicht wirklich. Wir sind gar nicht ganz da. (haha, das kann man auch anders verstehen)

Kinder können das noch, später werden sie so umerzogen, dass sie diese vielleicht wertvollste Gabe verlieren:

Sich ganz einer Sache hingeben.

Eltern machen heutzutage oft den Fehler, dass sie Kinder aus der tiefen Versenkung ihres Spielens herausreißen.

Ein Kind spielt mit den Plastikschüsselchen der Mutter und die Eltern ziehen das Kleine in die gekaufte Kinderküche, damit das Kind „ordentlich“ spielt.

Früher durften Kinder noch kreativ sein und sich ihrem Spiel voll und ganz widmen, weil die Eltern keine Zeit hatten, um das Kind immer abzulenken.

„Ach, Christine-Luise, möchtest du lieber Bausteine bauen oder mit der Puppe spielen?“

So etwas hörte ich von meiner Mutter nie- klar, sie war froh, wenn ich mich selbst beschäftigte oder mit der Freundin spielte, dann konnte sie in Ruhe ihre Arbeit machen. (Lächel)

Kinder, die tief versunken sind im Spiel, sind voll und ganz im Hier und Jetzt, sie sind voll und ganz im Leben.

Ein kleiner Anstupser an die Eltern:

Bitte lasst die Kinder spielen, stört sie nicht und schaltet nicht den Fernseher an- so können sich gesunde, kreative Menschen entwickeln.

Und,

so **wenig** Spielzeug wie möglich, ist auch wichtig. Sie suchen sich selbst etwas, um sich dann in eine eigene Welt hineinzubegeben, in der es einfach nur schön ist.

Wir haben damals immer Decken über den Tisch gelegt und uns darunter gesetzt und alles Mögliche in die Höhle gezogen. Ein Hosengummi reichte aus, um uns stundenlang mit Gummihüpfen zu beschäftigen.

Du siehst, ich bin schon eine alte Schachtel, wenn mich solche einfachen Dinge als Kind noch zufrieden gestellt haben. (haha)

Die ganze Spielzeugindustrie ist nur darauf ausgelegt, die neuen Konsumenten heranzuziehen. Schau dir das Spielzeug einmal näher an, das sind alles Dinge, die dem Kind später einmal gefallen sollen, dann in Großformat.

Behinderte Menschen können das auch sehr gut- das Eintauchen in den Moment, weil sie meistens auch nicht dieses Gedankenkarussell haben. Freilich, sie müssen sich meist um nichts sorgen, also den Alltag bestreiten, so können sie sich auch völlig in ihr Leben hineinbegeben. (Das gilt natürlich nicht für alle Beeinträchtigungen.)

Kinder, die man 5x rufen muss, wenn es Zeit wird zu essen, sind so sehr vertieft, dass man sie regelrecht aus ihrer Welt herausreißen muss. Wir können viel von den Kindern lernen, wenn wir sie genau beobachten und uns nicht immer einmischen. Auch das Fördern in eine gewisse Richtung, lenkt sie in eine Richtung, die sie noch gar nicht wollen können. (haha, wollen können!)

Ein Kind weiß noch gar nicht, ob ein Kurs für xyz Spaß macht, es plappert nur das nach, was die Eltern dem Kind einreden.

Lasst sie zu Hause einfach spielen, raus in den Sandkasten, rauf aufs Dreirad und mit ein paar Nachbarskinder herumtoben, dann sind sie am Abend müde und gesund.

Es gibt auch Erwachsene, die sich völlig in den Moment hineinfallen lassen können, das ist wirklich göttlich.

Meistens sind es künstlerisch tätige Menschen, die sich so sehr in ihre Aufgabe hineinbegeben, dass sie rundherum alles vergessen.

Bist du auch so ein Mensch, dass du dich so richtig in eine Sache reinfallen lassen kannst?

Hut ab, da freue ich mich für dich sehr.

Vielleicht ist das die allerschönste Eigenschaft, die ein Mensch haben kann, wenn er voll und ganz **da** ist.

Ein Maler bei seinem Wirken, jemand, der musiziert oder bastelt, ein Mensch, der ein Auto mit all seiner Hingabe repariert oder eine Konditorin, die eine herrliche Torte verziert.

Es kann jemand in seiner Gartenarbeit voll und ganz aufgehen, oder seinen elektronischen Basteleien, aber auch beim Kochen eines einfachen Essens.

Immer dann, wenn ein Mensch mit seinem ganzen Herzen etwas tut, egal was, dann fließt immer Liebe mit und es wird gut.

So einfach ist das.

Alles, was nebenher gemacht wird, hat keine Liebesenergie und ist dementsprechend nicht lichtvoll.

Ich kann ein Lied davon singen. Viele Jahre lang bin ich gehetzt. Ich hatte viele Aufgaben gleichzeitig zu erledigen und bin nur durch mein Leben gerannt. Mutter, Hausfrau, Ehefrau, Geschäft und Garten… Ich muss nicht weiterschreiben. Frauen wissen, wovon ich rede.

Ich lief sogar mit Headset im Haus herum, damit ich neben meinen Geschäftsbesprechungen bügeln konnte. Jetzt kommt mir das dumm vor, allerdings in Zeiten von Handys, machen das auch wieder viele Menschen:

„Nebenher" telefonieren.

Manchmal denke ich, es wird gleich einer überfahren, weil er nicht mehr auf den Verkehr achtet, mit dem Handy am Ohr…

„Nebenher" ist nie gut, das kann ich dir wirklich sagen.

Wenn eine Gedankenenergie fließt, ist sie nie so „wertvoll" wie eine Herzensenergie. Die Herzensenergie, also die Liebe, kann allerdings nie nebenher fließen, das geht gar nicht.

Die Liebe kann nur fließen, wenn du dich ganz hingibst. Ob du das beim Putzen, oder einer Geschäftsbesprechung machst, ist völlig egal. Es geht nur darum zu lernen **immer da** zu sein. Nur **das** ist unsere Aufgabe:

Wir müssen lernen zu leben. HAHA, das ist ja der Hammer!

Ein Reh oder Schwein, die wissen, wie man lebt, die müssen nichts üben, wir Menschen, schon.

Ja, so ist das. Wir sind so weit weg von unserer Natur, dass wir wieder die einfachsten Dinge lernen müssen.

Schau, in noch normal lebenden Zivilisationen, da sind die Menschen nicht abgelenkt. In einem Stamm in Afrika, die noch in Lehmhütten wohnen, da wird die Tochter nicht zum Klavierunterricht gefahren, oder der Sohn hängt am Handy herum. (grins)

Da wird die Frau des Hauses auch nicht vom ständigen Gebimmel des Telefons abgelenkt von ihrer Hausarbeit. Sie kann sich voll und ganz auf ihre Arbeit konzentrieren. Der Mann ist auch hoch konzentriert, wenn er auf Jagd geht, da würde ein Handygebimmel auch stören, wenn der Mann sein Mittagessen erlegen möchte. (grins)

Diese Menschen sind noch **da**, die müssen das Leben nicht lernen- dafür sicher andere Dinge, klaro.

Wir sollten den ganzen Firlefanz, den uns die Industrie anbietet, wegpacken und uns wieder auf das Wesentliche konzentrieren, dann wird es viel leichter im Leben.

Dann ist wieder Zeit da, zum Lachen und zum Spielen, und das nicht nur für die Kinder-

Spielen macht immer Spaß.

Wie fühlt es sich an etwas erreicht zu haben?

Ich kann dir immer nur von meinen eigenen Erkenntnissen berichten, oder von den vielen Geschichten der Menschen, die mir begegnet sind, und, ja und vor allen Dingen bekomme ich vom Himmel eingesagt, was ich schreiben soll. Es ist wirklich lustig, wenn ich aufgerufen werde etwas zu schreiben, ob ein Büchlein oder im Gratislicht, dann weiß ich vorher wirklich gar nichts, was ich zu schreiben habe. „Echte“ Schriftsteller haben während des Schreibens immer ihr Buch im Kopf. Sie laufen meistens mit einem Notizbüchlein herum, um sofort einen Gedanken zu notieren, um ihn nicht zu vergessen, wenn es wieder an die Schreibmaschine, oder heutzutage an den Computer geht.

Im Anschluss, wenn ein Buch fertiggestellt ist, wird es noch vom Autor selbst und meistens von fremden Menschen korrigiert, lektoriert und was weiß ich noch alles. Ich dachte beim ersten Büchlein auch, ich müsste so vorgehen, weil mein Geschreibsel sonst niemand versehen würde.

Naja, als dann ein paar Seiten korrigiert waren, las ich den Text und ich dachte, ich lese ein Buch von jemanden anderes geschrieben. Es fehlte komplett die himmlische Energie, und um die geht es in Wirklichkeit. Als die himmlischen Bewohner mich zum Schreiben angeleitet haben, bekam ich auch die Anweisung es so zu lassen, wie sie es mir durchsagen, weil die himmlische, die göttliche Energie mit eingewoben ist. Der Leser, wenn er sein Herz öffnet, also das Buch mit seinem Herzen liest, wird diese Energie fühlen können, und das ist ein göttliches Geschenk. Manchmal denken die Menschen, es müsste etwas Spektakuläres vom Himmel fallen, vielleicht neue Steintafeln oder so etwas, damit der liebe Gott sich zeigt. Nein, das ist unser Verstand, der uns auch hier in die Irre führt. Es sind die kleinen Alltagsdinge, die uns den Weg zum Himmel zeigen. Schau, die himmlischen Texte, sind aufgeladen mit der hohen Schwingung, so kannst du sie tanken, beim Lesen. Das funktioniert aber nur, wenn man den Verstand während des Lesens beiseite schiebt, ihn in den Schrank setzt oder im Wald aussetzt. (haha, aber nicht vergessen ihn wieder zu holen, sonst bist du Morgen im Job ein nicht zu gebrauchender Arbeitnehmer.)

Als ich das erkannt habe, dass es nicht um den Text geht, sondern, um die Schwingung, habe ich aufgehört, die Büchlein aus der Hand zu geben, weil sonst die ganze Arbeit für die Katz wäre.

Wer mit dem Herzen liest, wird keine Grammatik oder Rechtschreibung brauchen, denn er „versteht-".

Schön, dass du gerade diese Zeilen liest, das freut mich sehr. Vielen herzlichen Dank dafür.

Ist dir auch so etwas Ähnliches schon aufgefallen, wenn du dir was wünschst und es eintritt, dass du dich zuerst freust, aber die Freude meistens gar nicht soooooo lange anhält.

Autokauf:

Ganz ehrlich, wenn du dir ein Traumauto leistest, was immer das auch bedeuten mag- für den einen ist es der Trabbi, für den anderen der Cadillac. Wie viele Tage freust du dich wirklich, während du in das Auto steigst und losfährst?

5mal oder 10mal?

Sicherlich keinen Monat am Stück.

Schaue doch einmal zurück:

Kannst du dich noch erinnern, wie sehr du das Ende der Schulzeit herbeigesehnt hast, beziehungsweise das Prüfungsende. Zum Schluss immer diese Lernerei und dann die Sorge, auch alles zu können und den Abschluss zu schaffen. Ähnlich vielleicht am Ende der Lehre oder bei anderen Prüfungen. Es gab sicherlich in deinem Leben viele Ereignisse, bei denen du gehofft hast, dass sie schnell und gut vorbeigehen, damit du anschließend wieder durchatmen kannst- vor Erleichterung und dann wieder stressfrei leben zu können.

Ein Ereignis hätte auch sein können (jetzt kommt etwas, das nichts für Männer ist, lächel), die Geburt deines Kindes.

Klar, gerade beim ersten Mal, wenn man noch gar nicht weiß, was auf einen zukommt, ist schon ein bisschen Aufregung dabei. Natürlich kommen auch Ängste hoch für sich und das ungeborene Baby. Ich weiß noch zum Schluss, also die letzten Tage, in denen ich mehr gerollt als gelaufen bin, wollte ich nichts sehnlicher als endlich das Baby im Arm zu halten, und da bin ich mir ganz sicher, geht es jeder Mutter so.

Hoffentlich ist das Kind auch gesund, und wie kann ich die Schmerzen aushalten? Hoffentlich geht es schnell… Unzählige Gedanken kreisen um diesen Termin…

Dann ist es endlich vorbei und der Wonneproppen, hoffentlich gesund, kann in die Arme genommen werden und wird begutachtet. Ja, das ist wirklich ein einmaliges Erlebnis, das mit gar nichts anderem vergleichbar ist. Manchmal dachte ich mir schon, dass die Männer es besser haben, weil ihnen da auch einiges erspart bleibt, aber andererseits entgeht ihnen auch dieses Erlebnis. Ich weiß, heute gibt es viele Kaiserschnitte, manchmal auch aus einer Angst der Mutter, das Ganze nicht aushalten zu können.

Das Schöne ist, anschließend, also gleich nach der Geburt, ist sofort alles vergessen, das ist wirklich einmalig. Egal was mir in meinem Leben wehgetan hat, dass ein Schmerz so abrupt aufhört, das gibt es wirklich nur bei einer Geburt. Ich denke, das hat die Natur so eingerichtet, weil es sonst nur Einzelkinder geben würde.(haha)

In den Wehen, bekommt man irgendein Mittelchen vom Himmel-

mir kam es vor, wie eine Art Bewusstseinsentrückung. Wie, als ob man nicht wirklich **da** wäre, um die Prozedur gut zu überstehen. Also liebe Damen, die dieses Ereignis noch vor sich haben:

Keine Angst, eine natürliche Geburt ist ein einmaliges Erlebnis, das wirklich sehr, sehr intensiv und wunderschön ist. Nie mehr vergisst man dieses Gefühl, den kleinen Familienzuwachs in den Händen zu halten. Ein neues Leben ist auf die Erde gekommen, der liebe Gott hat wieder eine Außenstelle eingerichtet. (grins)

Jetzt bin in ich wieder abgeschweift.

Gut, ich kann mich noch sehr gut daran erinnern, an das Gefühl, endlich, ja **endlich** soll der Termin da sein und das Baby auch.

Als es dann endlich geschafft war, war ich überglücklich.

Gut, dann wurde es auch wieder anstrengend, grins, die Nächte kurz und die neue Lebenssituation musste erst einmal gelernt werden. Klar, das Leben war plötzlich völlig anders als vorher.

Ich will dich nicht mit meinen Lebensgeschichten langweilen, die ja bei jeder Mutter ähnlich sind, nein, ich wollte damit nur sagen, dieses sehnsuchtsvolle Gefühl, diesen Zeitpunkt zu erreichen, war natürlich voller Glück.

Aber, ich dachte nicht permanent im Anschluß im Leben über dieses Ereignis nach.

Verstehst du, was ich meine?

Wir fiebern immer wieder auf bestimmte Termine hin, sind sie dann „erreicht", also vorbei, dann haben wir das auch bald wieder vergessen.

Wer eine OP vor sich hat, wünscht sich auch, dass es schnell vorbei ist. Man fiebert richtig hin und dann kommt die Freude oder

Erleichterung und,

und schon wieder schnell vergessen. Schon kommen neue Herausforderungen oder Probleme und diese Freude ist wieder Geschichte.

Vielleicht sollte man sich eine Schachtel herrichten, in die man immer Zettel wirft mit „erreichten“ Dingen, über die man froh, oder dankbar ist. Eine Dame hat das einmal in einer Gruppe geschrieben, dass sie jede Woche einen Zettel in ein Glas wirft, mit Dingen, über die sie sich während dieser Woche gefreut hat. Am Jahresende hat sie 52 Zettelchen mit schönen Erlebnissen.

Es ist auch anscheinend menschlich, dass wir immer die greisligen (das ist bayerisch und heißt „unschönen) Erlebnisse abspeichern und die Schönen eher nicht. Gut, das kommt vielleicht auch auf den Typ Mensch an, der eine ist eher negativ gepolt, der andere positiv und dementsprechend wird das Leben gesehen.

Das Leben ist für jeden Menschen anders, auch wenn sie ähnliche Erlebnisse haben, weil es immer auf den Bewusstseinszustand ankommt oder auf die Schwingungsebene.

Durch welche Brille schaust du in deine Welt?

Deine Welt, habe ich geschrieben. Jetzt wirst du dich fragen, warum ich von **deiner** Welt schreibe und nicht von unserer Welt.

Das ist ganz einfach, jeder hat einen anderen Blickwinkel, oder ein anderes Bewusstsein und sieht deswegen anders die Welt, als die anderen.

Wenn du 10 Menschen nebeneinander hinstellen würdest und sie etwas beobachten lässt, dann würden anschließend 10 verschiedene Beschreibungen abgeliefert werden. Nimmst du jetzt 10 Menschen, die völlig unterschiedlich sind, was das Bewusstsein anbelangt, werden die Geschichten noch viel größere Unterschiede aufweisen.

Ich bin jemand, der eine rosarote Brille aufhat, ich sehe bei allem immer das Gute und das Positive, das war immer schon so, auch bevor ich mich auf den spirituellen Weg gemacht habe. Meine Schwiegermutter zum Beispiel, war das ganze Gegenteil von mir, sie hat immer von allem erst das Negative gesehen.

Gut, zwei verschiedene Menschen, die unterschiedlich die Welt wahrnehmen.

Dementsprechend kamen wir auch selten bei Unterhaltungen auf denselben Nenner. (haha)

Aber, das ist interessant, weil ich es selbst erlebt habe:

Auf Herzensebene hatte das überhaupt keine Bewandtnis. Wir mochten uns gerne, obwohl wir sooooooooooo unterschiedlich waren.

Oft wollte ich sie überzeugen, es wäre doch viel leichter auch positiv zu denken… Nein, ich konnte sie nicht in den ganzen Jahrzehnten überzeugen, die wir miteinander in Kontakt waren.

Warum wohl nicht? Das musste ich erst noch lernen, dass man Menschen nicht ändern kann und auch nicht soll.

Wozu auch?

Das war nur eine Vorstellung meines Verstandes, der dachte, eine positive Einstellung wäre ein „bessere“. (haha)

Nein, durch unsere Verbindung der Herzen geschah etwas viel Wertvolleres, das ich erst später verstand.

Ihre Liebe, die mir gegenüber bedingungslos war, hat mein Herz berührt. Ich weiß nicht, wie oft sie sich insgeheim geärgert hat, über **meine** Sicht der Welt, genauso oft wie ich auch umgekehrt, wahrscheinlich.

Durch meine positive Ausstrahlung und auch sicherlich höheren Energie wie die ihre, habe ich ihr Energiefeld immer wieder geputzt und auch unbewusst geheilt. (das soll nicht überheblich klingen, so nach dem Motto, ich wäre „besser“ gewesen)

Eine absolute Win-win-Situation.

Ich konnte viel von ihr lernen, und sie bekam auch viel von mir.

Die wirklich wichtigen Dinge spielen sich nie auf Verstandesebene ab, sondern immer auf der Herzensebene.

Der Verstand führt einem meistens in die Irre, da muss man echt aufpassen.

Wenn ich die Welt rosarot und himmelblau sehe, dann habe ich große Chancen, dass sie auch so ist und auch das Leben so für mich sein wird.

Gedanken erzeugen unsere Zukunft, mit den entsprechenden Gefühlen dazu, wird es mit einem schönen Leben gut klappen.

Wer sich auf die rosarote Welle begibt, der wird auch entsprechendes empfangen. Es ist immer eine Frage der eigenen Schwingung und die zieht selbiges an.

Noch einmal kurz zum Beispiel mit der Schwiegermutter zurück:

Natürlich hat sie in ihrem Leben viel Leid erleben müssen durch ihre Negativität und der Sicht auf die Welt. Wichtig zu verstehen ist nur, dass sie keine andere Wahl hatte in diesem Leben. Da war einiges abzuarbeiten, und dazu war diese Schwingung wichtig.

Kein Büchlein ohne Schwingungsebenen

Da unser Leben kein Leben nach einem Schema ist, sondern so erlebt wird, je nachdem in welcher Schwingungsebene man gerade verweilt, muss es natürlich ein Kapitelchen darüber geben.

Menschen lieben es in einer hohen Schwingungsebene zu verweilen, weil es sich einfach gut anfühlt, wenn alles leicht ist und der Körper keine Mucken macht. Doch regelmäßig katapultiert uns etwas in die tiefen Ebenen, in denen es gar nicht schön ist.

Je bewusster und liebevoller ein Mensch wird, umso weniger oft muss er in das Tal der Tränen. Klar, die unterdrückten Dinge werden abgearbeitet und man kann einfach länger Urlaub auf der Wolke 7 machen.

Es kommt unweigerlich, bei allen spirituellen Menschen, die sich auf den Weg der Wahrheit befinden der Punkt, an dem sie denken etwas falsch gemacht zu haben, wenn sie absacken. Nein, ich meine jetzt nicht einen Vollrausch im Sinne von betrunken, nein ein hinuntergleiten in niedrige Bewusstseinsebenen.

Man denkt, alles ist paletti, jetzt habe ich es geschafft, jetzt geht es mir **immer** gut und kaum zu Ende gedacht, fällt ein Zahn heraus, oder ein Meteorit fällt ins Hochbeet und schon ist wieder alles furchtbar.

Vielleicht ist genau **das** die Aufgabe:

Erstens wird es nie aufhören, dass es Prüfungen gibt, so lernt man Achtsamkeit. Erst, wenn wir die Dualität verlassen, werden die Abstürze kein Thema mehr sein.

Zweitens ist es manchmal noch vonnöten, in tieferen Ebenen aufzuräumen.

Nur zur Verdeutlichung ein Beispiel.

Sagen wir einmal, die Schwingungsebenen wären ein Hochhaus, die Etagen sind die Ebenen.

So, jetzt kommst du als Nackedei auf die Welt und bist erst einmal wieder ein Anfänger als Mensch. Du kannst noch nichts außer schreien, essen, trinken und die Windeln füllen.

Langsam wirst du dir als Mensch bewusst. Gut, schwingungsmäßig bist du als Baby, wahrscheinlich im obersten Stockwerk, dann geht es erst einmal runter und auch wieder rauf, je nachdem.

Wer noch nicht im Verstand ist, was Kinder zum Beispiel sind, schwingt sehr hoch. Dann werden sie durch die anderen Erwachsenen heruntergezogen und müssen erst wieder lernen aufzusteigen.

Sagen wir, du bewohnst das ganze Hochhaus. Falls du selbst auch einmal von einem Haus in eine kleine Wohnung umgezogen bist, wirst du vielleicht auch die Erfahrung gemacht haben, dass man, je mehr Platz man hat, umso mehr ansammelt. Klar, man muss nie ausmisten, da hortet man ohne Ende.

So ist das bei unserem Beispiel auch:

Du „bewohnst" auch sämtliche Etagen und alles steht voll mit Dingen, die du auch von früheren Leben mitgebracht und nie aussortiert hast.

Das Leben führt dich und wird dir immer zur rechten Zeit die Möglichkeit bieten, wieder etwas auszumisten.

Schau, manchmal braucht es viel Zeit, bis man sich an altes Gerümpel wagen kann. Wenn man zu schnell an alle Untiefen herangeht, könnte einen das schier aus den Latschen hauen.

So schwingst du manchmal so hoch, dass du aus dem obersten Stockwerk über das Land schauen kannst und du fühlst dich wie eine Königin und dann urplötzlich fällst du runter bis in den dunklen Keller ohne Licht. Du weinst und klagst und dich kotzt alles nur noch an. „Wie kann es sein, dass es mir so gutging und alles lief wie am Schnürchen, und jetzt sitze ich da wie ein Häufchen Elend und keiner hat mich lieb? Die ganze Welt hat mich vergessen, oh Gott, wäre ich doch nur tot!“

So, oder so ähnlich kann man sich unten fühlen und noch viel schrecklicher.

Wenn du spirituell bewusster wirst, dann kannst du selbst in solchen Zeiten erkennen, dass es um eine Aufgabe geht und es nur eine Frage der Zeit ist, bis du wieder in den oberen Stockwerken residieren wirst.

Das ist schon der entscheidende Schritt, die Erkenntnis, dass es nur ein kurzer Bewusstseinzustand ist, der unschön ist, und der Schöne wieder folgen wird.

Bleibe traurig, wütend oder auch machtlos, fühle das ganz bewusst und atme. Weine, schreie oder wirf mit Wattebällchen um dich. Wenn es ganz schlimm wird, kannst du auch gerne ein paar alte Schüsseln hinwerfen, aber bitte niemanden an den Kopf schmeißen !!! (grins)

Warte einfach, bis es wieder vorbei ist. Denke nicht darüber nach, **warum** das jetzt so ist, sondern fühle und atme gaaaaaaaaanz tief in den Bauch ein und wieder langsam aus.

Schwupp di wupp bist du wieder im ersten Stock, dann im zweiten und dann wieder auf der Aussichtsterrasse.

Manchmal wird das Leben dich zwischendurch in den 5. Stock schicken, dann wieder einmal zum Ausmisten in den 23. Stock und so weiter.

Überlasse das einfach dem Himmel, oder deiner Seele. Alles kommt so wie es kommen soll, schön der Reihe nach. Du kannst weder etwas beschleunigen, noch etwas auslassen, nein, vertraue einfach dem lieben Gott, der weiß schon, was gut ist für dich, auch wenn es sich manchmal gar nicht so anfühlt.

Du hast der Lebenserfahrung zugestimmt, weil du all das fühlen wolltest. Je lockerer du an die Sache herangehst, umso leichter wird alles.

Das Leben ist ein Geschenk und es ist wundervoll und wirklich schön.

Der Zusammenhang von sauer-sein und Schwingung

Ich denke, ich brauche nicht über das „Sauer-sein“ näher berichten, das wirst du sicherlich selbst kennen, auch wenn du vielleicht ein netter und ausgeglichener Mensch bist. Jeder ist einmal sauer, das ist völlig normal.

Ich wollte noch ein anderes „sauer“ besprechen, das aber dann in der Folge das emotionale „sauer“ auslöst.

Der Säure-Basen-Haushalt sagt dir vielleicht etwas, falls nicht, kannst du das gerne nachlesen. Ich bin kein Arzt, deswegen sind meine Erklärungen immer recht laienhaft. **Aber**, es ist sehr wichtig für die Gesundheit aufzupassen immer basisch zu sein, weil man sonst krank werden kann. Man kann sich in der Apotheke kleine Teststreifchen kaufen, damit man zwischendurch kontrollieren kann, ob man sauer ist, oder basisch.

Wer längere Zeit sauer ist, im medizinischen Sinne, wird es auch emotional. Weißt du, warum?

Der Körper ist eigentlich ein einziger großer Chemiekasten. Wenn die ganzen Stoffe nicht passen, also ein Mangel herrscht oder ein Stoff zuviel vorhanden ist, dann kann man auch nervlich darunter leiden. (oder vielleicht ein anderer grins).

Du, man kann richtig aggressiv werden, wenn einem Mineralstoffe fehlen oder man ein saures Blut hat, also der pH-Wert im sauren Bereich ist.

Ich schreibe das deswegen, weil viele Menschen, besonders die spirituellen, ihrem Augenmerk auf geistige Dinge legen, wenn sie vielleicht etwas nervös sind und ihre Körperchemie völlig vergessen. Schüsslersalze sind auch super, die füllen alles ordentlich auf- eine sehr günstige und wirksame Möglichkeit eventuelle Mängel zu beseitigen.

So, jetzt aber zu der Schwingung: Wenn du in einen sauren Bereich abrutscht, vielleicht durch „ungesundes“ Essen, oder Stress, dann sinkt auch deine Schwingung. Andersherum hilft dir ein basischer Bereich im ph-Wert deine Schwingung anzuheben, weil du dich besser fühlst.

Ich habe das selbst ausprobiert, das ist wirklich so, wenn ich im sauren Bereich gelandet bin, dass ich mich unwohl gefühlt habe und ein wenig nervös war.

Unser Körper ist natürlich mit unserem Schwingungsfeld verbunden, das wissen wir alle. Die Auswirkungen finden beiderseitig statt. Jemand, der sich völlig ungesund ernährt, über einen langen Zeitraum, wird sich sicherlich auch schwertun, mit der Schwingung oben zu bleiben. Es gibt immer Ausnahmen, das ist klar.

Ich möchte nur ein wenig Anregungen geben, um es leichter zu haben in diesen Zeiten, die für den Körper, aber auch für die Psyche echt anstrengend sein können. Wenn wir unseren Körper gut versorgen, dann können wir die eintreffenden Energien auch viel leichter integrieren.

Das sich kümmern um den Körper, hat auch etwas damit zu tun, dass man gut zu sich selbst ist. Man sollte das Erdengefährt pflegen, immerhin sollte es ein paar Jahrzehnte lang halten, beziehungsweise bei uns Aufsteigenden eine Ewigkeit. (grins).

Ein bekannter Mann hat einmal gesagt, in einem basischen Milieu könne keine Krankheit existieren, nicht einmal Krebs. Es lohnt sich wirklich auf diesen Aspekt ein wenig zu schauen, es könnte ein Schlüssel sein für ein Wohlbefinden, oder wie man eine Befindlichkeitsstörung beseitigen kann.

Ein Engel der Liebe

Ein Engel der Liebe ist auf die Erde gekommen und hat sich ein Erdenkleid angezogen, damit man ihn nicht so schnell erkennt. Er spielt seitdem Fasching und hat nie sein wahres Gewandt gezeigt.

Er wandelt auf der Erde umher und arbeitet Undercover.

Der Engel der Liebe hat keinen festen Wohnsitz, oder festen Arbeitsplatz auch kein Auto, er schwebt zwischen den Orten, je nachdem wo er gebraucht wird. Manchmal ist er ein Autoschrauber, dann eine Bäckereifachverkäuferin ein anderesmal eine Kindergärtnerin.

Was macht es für einen Sinn, wenn der Engel verkleidet ist und man ihn nicht erkennen kann?

Doch, man kann ihn ganz leicht „enttarnen“.

Man kann ihn „erfühlen“.

Vielleicht bist du ihm schon einmal begegnet?

Er strahlt eine Liebe aus, die dich fast umgehaun hat.

Seine Augen leuchten so, dass du direkt in sein Herz schauen kannst.

Seine Liebe schaut aus den Augen heraus und wärmen dein Herz.

In seiner Nähe fühlst du dich geborgen und geschützt. Du vertraust ihm deine tiefsten Geheimnisse an- du vertraust im bedingungslos.

Der Engel der Liebe füllt den Raum aus mit seiner Liebesenergie, egal wie groß der Raum ist.

Wenn du einsam bist, vielleicht auch einmal verzweifelt, dann rufe ihn, ich bin mir sicher, du wirst ihm begegnen. Er ist nur einen Gedanken von dir entfernt.

Grüße ihn von mir, wenn du ihn triffst.

Du wirst diese Begegnung nie mehr in deinem Leben vergessen, so sehr wird sie dich berühren.

Die Seele klopft an

Ich werde jetzt sehr oft gebeten, eine Heilung anzubieten, weil wirklich zahlreiche Beschwerden bei den Menschen erscheinen. Der Körper scheint gar nicht mehr richtig zu funktionieren, es wird richtig beschwerlich.

Ich habe schon sehr viel zum Thema Heilung geschrieben, und möchte dich, liebe Leserin und lieber Leser, nicht mit Wiederholungen langweilen. Nur aufgrund der wirklich außergewöhnlichen Energielage und den damit einhergehenden Beschwerden, möchte ich noch ein bisschen etwas dazu sagen, vielleicht hilft es dir ein wenig.

Wir Menschen machen beim Thema Heilung manchmal einen kleinen Fehler, meiner Meinung nach:

Nehmen wir ein Beispiel, so kann ich es besser erklären.

Du hast Magenschmerzen und gehst zu deinem Arzt. Der gibt dir ein Rezept nach einer Beratung und du holst dir Magentabletten in der Apotheke. Nach ein paar Tagen ist das Magenweh weg. Wunderbar, läuft! (grins)

Oder, du bist ein Mensch, der es nicht so hat mit den Weißkitteln, sondern lieber Naturheilmittel anwendet, dann holst du dir einen Kamillentee, Schwedenbitter, Schafgarbe und eine Wärmflasche auf den Bauch und das Magenweh ist auch nach ein paar Tagen weg. (Allerdings ohne Nebenwirkungen, lächel, (das musste jetzt sein. (Grins))

So, oder so, das Bauchweh ist weg. Allerdings die Ursache nicht.

Gehen wir tiefer, in das Seelische hinein.

Unsere Seele ist unsichtbar und hat keinen Mund zum Reden, auch keinen Holzhammer um uns auf den Kopf zu hauen. (haha).

Unsere Seele, ja das ist nichts Getrenntes von uns, sondern das sind wir!

Wir sind in Wirklichkeit eine Seele mit einem Körper, den wir angezogen haben.

Mit diesem laufen wir jahrzehntelang (wenn alles gut geht) herum und hegen und pflegen ihn. Manche lassen ihn dauerhaft bemalen, andere lassen sich operieren, um schöner auszusehen, je nachdem.

Wir brauchen den Körper, um hier leben, und bei dem Spiel mitspielen zu können. Geister sind hier auf der 3D-Erde nicht erwünscht. Sie machen den Menschen Angst. Um alles erleben zu können, brauchen wir den Körper, das ist logisch.

Ihn haben wir, um Gefühle fühlen zu können, und zwar die ganze Bandbreite. Ich meine jetzt nicht nur die Gefühle im Sinne von, traurig sein oder wütend, nein, wir fühlen doch noch sehr viel mehr. Den ganzen Tag fühlen wir etwas. Zurzeit fühlen wir extrem viel und das macht gar keinen Spaß! (grins) Geht es dir auch so? Die sogenannten Aufstiegssymptome scheinen kein Ende zu nehmen. Andauernd ein Portaltag, Sonnenstürme und das Magnetfeld spielt auch verrückt.

Mir geht es so, dass ich immer **noch** gesünder essen **muss**, sonst tut mir das Essen gar nicht gut. Ich werde direkt gezwungen, ein Gesundheitsapostel zu werden. (Haha)

Manchmal denke ich mir, würde ich noch Dinge essen wie vor 20 Jahren, mit Alkohol nachspülen und dann eine rauchen, ich würde jetzt auf der Stelle tot umfallen. (haha, ich schmeiß mich weg)

Was ich damit sagen möchte ist:

Wenn es dich alles arg plagt, überlege einmal, ob du nicht deine Lebensgewohnheiten umstellen solltest, damit die Energien besser Platz in dir haben?

Schau, die chemischen Sachen aus einem Supermarkt passen so gar nicht mit den hochwingenden Energien zusammen, das erzeugt Reibung und das tut weh, ganz klar.

Der anderen Aspekt mit der Seele ist auch nicht ohne:

Die Seele, also wir selbst, haben uns etwas vorgenommen in diesem Leben, einen Plan geschmiedet vor unserer Geburt.

Wenn wir aber jetzt einen auf Halli galli machen und uns das wurscht ist, was wir uns einst vorgenommen haben, dann meldet sich unser **Ich**, also die Seele.

Vielleicht wolltest du in dem Leben die Erleuchtung erlangen, hängst aber ständig in der Kneipe herum und bist jedes Wochenende voll wie eine Haubitze.

Deine Seele betrachtet das Ganze und ist am verzweifeln. Wie gesagt, nicht vergessen, die Seele sind wir selber.

Wir sind nicht getrennt, das hört sich immer komisch an, finde ich.

Der Seelenplan scheint voll danebenzugehen…

Die Seele schreitet ein, weil sie natürlich ihr Ziel erreichen möchte.

Da sie nur über begrenzte Möglichkeiten verfügt, wird sie dir das schicken, was dich am wahrscheinlichsten aufrütteln wird:

Krankheiten sind immer gut, und funktionieren bei den meisten Menschen. Klar, wer hat schon gerne ein gebrochenes Bein oder Zahnweh? (grins)

Das Problem ist nur, dass die allerwenigsten Menschen einen Zusammenhang sehen, zwischen einer Befindlichkeitsstörung und einem Seelenschubser.

Da du das Büchlein gerade liest, bist du ein Mensch, der sich auf den Weg der Wahrheit gemacht hat und wahrscheinlich auch in die höhere Dimension aufsteigen wird. So kennst du den Zusammenhang und kannst dementsprechend reagieren.

Es geht immer um einen Kurswechsel, wenn sich die Seele meldet.

Gehe immer einen Schritt zurück, wenn es irgendwo zwickt und schaue dir die Sache aus einer gewissen Entfernung an. Das Symptom zu beseitigen ist natürlich immer gut und auch richtig, man will ja auch wieder am Leben teilnehmen. Dagegen ist nichts einzuwenden, dennoch wäre es hilfreich zu verstehen, **warum** jetzt so etwas passiert ist.

Nur, das ist vielleicht in diesem Zusammenhang auch noch erwähnenswert:

Sehr spirituelle Menschen übertreiben es manchmal mit der Ursachenforschung. Sie denken so lange und viel darüber nach, warum die Nase läuft, das ist auch übertrieben.

Ich habe das jetzt ein bisschen überspitzt dargestellt, aber solche Geschichten höre ich oft.

Weißt du, manchmal kommt man nicht drauf, warum einem die Grippe eine Woche ans Bett fesselt. Vielleicht möchte die geistige Welt des Lichts auch nur, dass sie besser an uns arbeiten können, wenn wir in der Ruheebene sind.

Es kann unendlich viele Möglichkeiten geben, warum gerade eine Erkrankung ansteht.

Ich wollte dir nur den kleinen Tipp geben, zuerst einmal nachzudenken, was vielleicht falsch gelaufen ist, warum sozusagen eine Kurskorrektur vonnöten war, um dann in die Heilung zu gehen.

Bei mir war es **immer** so, dass ich Stück für Stück „gezwungen“ wurde (haha, das hört sich wild an) gesünder zu leben. Anfangs wusste ich davon noch nichts, aber dann fing ich an Heilzufasten, Kneipp Anwendungen zu machen, Tee zu trinken und so weiter. Bis ich zum Körndlfresser mutiert bin. (grins).

Alles ist besser, als krank zu sein. Und weißt du was? Irgendwann schmecken die ungesunden Sachen gar nicht mehr und die gesunden sind ein Hochgenuss. Das meine ich wirklich ehrlich.

Wer mich kennt weiß, dass ich früher ungern zum Kaffeetrinken eingeladen wurde, weil ich fast unzählige Stückchen Kuchen verdrückt habe, das ist kein Scherz.

Das Leben ist schön, und wenn es manchmal unangenehm wird, vielleicht weil die Energien so drücken, oder die Galle muckt, es ist trotzdem schön.

Letztendlich geht es nur um das Eine:

Die Seele lebt hier munter dahin und sammelt jede Menge Erfahrungen. Fängt sie an bewusst zu werden, also nicht mehr hirnlos durch das Leben zu sausen, sondern die Dinge zu hinterfragen, dann kommt zwangsläufig die Entscheidung welchen Weg sie gehen möchte:

Möchte sie den Weg der Wahrheit gehen, also sich auf den Heimweg zu machen, zum lieben Gott, oder bleibt sie noch in der Materie mit allem drum und dran und ärgert sich und spielt das ganze Spiel mit.

Es gibt nur die zwei Wege:

Den lichtvollen Weg der Wahrheit und den anderen der Lüge.

Dazwischen gibt es jetzt nichts mehr.

Wer sich für die Wahrheit und den lieben Gott entschieden hat, kann nur gesund sein oder werden. Denn das ist der lichtvolle Weg, der Weg der Heilung.

Energieräuber oder Zeiträuber?

Auch ein spirituelles Wort ist das: Energieraub.

Man nennt Menschen, die einem permanent auf den Senkel gehen, Energieräuber. (haha, das war jetzt sehr umgangssprachlich ausgedrückt.)

Du kennst sicherlich solche Menschen, die einen richtig aussaugen. Gehst du nach einem Besuch von ihnen nach Hause, oder kommst von der Arbeit heim, dann bist du platt. Solche anstrengenden Menschen können einen wirklich ganz schön aussaugen- oder ist der Fehler bei dir zu suchen?

Klar, solche Menschen, die nicht mehr aufhören zu reden, oder immer negative Geschichten erzählen sind wirklich anstrengend. Bei ihnen zu Hause ist es meistens auch sehr kühl, also die Energie ist nicht gemütlich. Du kennst sicherlich auch so richtig heimelige Behausungen, bei denen man gar nicht mehr vom Kaffeetisch aufstehen möchte, so gemütlich ist es bei denen. Das sind Menschen mit einer hohen Schwingungsenergie die auch ihr Heim dementsprechend eingerichtet haben, oder ihre Möbel sind schon mit der liebevollen Energie aufgeladen. Du kommst bei solchen Menschen in den Wohnraum und fühlst dich sofort pudelwohl. Ich merke so etwas immer, wenn ich überhaupt nicht mehr gehen möchte.

Es gibt doch noch etwas anzumerken:

Wenn jemand sehr hoch schwingt und dementsprechend sein Zuhause auch diese Energie widerspiegelt, ist das nicht unbedingt für jedermann gemütlich. Jemand, der noch sehr niedrig schwingt, wird so jemanden mit hoher Schwingung gar nicht mehr besuchen, oder nach kurzer Zeit Reißaus nehmen, weil er diese hohe Energie einfach nicht aushalten kann.

Kennst du das auch, dass manche Leute gleich die Biege machen, wenn du ihnen nahekommst? Man denkt fast, man verströme einen unangenehmen Geruch. (grins).

Das hängt mit den Schwingungen zusammen, die zu verschieden sind. Das ist nicht schlimm, sondern völlig normal.

Das passt nicht zusammen.

Wenn jetzt ein Mensch mit einer hohen Schwingung, also die schwankt natürlich, aber sagen wir einmal mit einer hohen Grundschwingung, mit einem anderen Menschen zusammen kommt, der noch sehr unbewusst ist, kann der andere, wenn er nicht aufpasst, leergesaugt wieder heimkommen.

Erstens ist wichtig zu wissen, dass man sich gut schützen sollte, wenn man das Haus verlässt.

Die Aura kann man mit verschiedenen Schutzschichten versehen, dann geht schon einmal keine Energie flöten.

Eine blaue Schicht vom Erzengel Michael, oder sein blauer Mantel schützen gut vor allem, was draussen nicht lichtvoll ist.

Eine lila Schicht von Erzengel Zadkiel hilft gut, gegen dunkle Energien.

Eine weiße Schicht beinhaltet alle Farben und ist noch ein guter Rundumschutz. Ich webe mir immer noch eine diamantene und eine goldene Schicht ein, wenn ich unter Menschen gehe. Sicher ist sicher… haha.

Auch nach dem Treffen mit anderen Menschen, ist es eine gute Sache sich mit der violetten Flamme von Erzengel Zadkiel putzen zu lassen, dann hat man den Schmutz gleich wieder aus dem Energiefeld.

Man kann sich angewöhnen, beim Heimkommen an der Haustüre einen violetten Vorhang aufzuhängen, ähnlich einem Mückengitter, (also feinstofflich) um dann automatisch wie in einer Waschanlage gewaschen zu werden.

Ich weiß, meine Tipps hören sich sehr einfach an, sollen sie auch sein, weißt du, warum? Alles was umständlich und mit viel Zeitaufwand verbunden ist, sowieso nicht gemacht wird.

Schau, wenn du erst ein Ritual und sonst noch was weiß ich nicht alles machen sollst, um wieder gereinigt zu werden, dann fällt dir das auf die Schnelle nicht ein. Der Alltag ist manchmal hektisch und diese spirituellen Dinge müssen flott gehen, sonst macht sie keiner.

Das ist auch mit dem Atmen so. Es gibt unzählige Atempraktiken, die sicherlich ungeheuer wirkungsvoll sind und einen in höhere Sphären katapultieren können- wer sich damit beschäftigen will, ist das wirklich spannend. Nur im Alltag für eine Mama mit 5 kleinen Kindern und einem hungrigen Ehemann zu Hause, muss es auch schnell gehen. Bewusst in den Bauch einzuatmen, durch die Nase und durch den Mund wieder langsam auszuatmen, kann man auch während des Kartoffelschälens oder am Fließband bei der Arbeit.

Wenn es dir in diesen Zeiten manchmal schwindelig wird oder unwohl, kannst du immer und überall diese Atemtechnik anwenden und wirst dich schnell wieder gut-fühlen. Das ist ein Allheilmittel für alles.

Langsam durch die Nase einatmen, kurz stoppen und

langsam durch den Mund ausatmen und kurz stoppen vor dem Wiederholen.

Halte ruhig auch zwischendurch den Atem einmal an, nach dem Ausatmen.

Aber nicht vergessen weiterzuatmen, sonst wirst du schnell beim Petrus vorstellig. (grins) (Nein, das war ein Witz man kann nicht den Atem anhalten, bis man tot ist, das geht gar nicht, haha)

Atme so lange, bis dir wieder wohl ist.

Gerade bei innerlicher Unruhe, die typisch ist für diese Zeit, hilft das sehr gut.

An manchen Tagen, bin ich wirklich nur noch am bewussten Atmen, weil die Energien so gewaltig sind.

So, zum Energieraub zurück.

Resonanz ist das Zauberwort, oder Teflon (lächel)

Wenn du mit einem Energieräuber in Resonanz gehst, dann bist du platt.

Ziehst du dir eine Teflonbeschichtung über das Energiefeld, gleitet alles schön an dir ab.

Schau, es ist ganz einfach:

Die Schwiegermutter kommt am Sonntagnachmittag zu Besuch, dann ziehst du dir kurz vorher deine Teflonschicht in deine Aura ein und dann können noch so „anstrengende“ Gesprächsthemen diskutiert werden, das lässt dich völlig kalt. Alles gleitet an dir ab. Der berühmte Lotuseffekt.

Schau, wenn du in Resonanz gehst, das heißt in die hitzige Diskussion einsteigst, bist du platt. 1:0 für die Schwiegermutter.

Es gibt noch einen weiteren Aspekt, der alles entscheidende:

Weshalb kann dir überhaupt jemand deine Energie nehmen?

Hast du nur einen begrenzten Speicher? Warst du nicht beim Nachtanken?

Weißt du was? Der Trick ist wirklich gaaaaaaaaaanz einfach:

Du musst dich um deine Energie gar nicht kümmern, das ist ein Trugschluss. Wir alle sind nicht ohne Leine auf die Erde gekommen. Haha, wir sind alles kleine Hunde mit Leine. Ja, die sogenannte Silberschnur ist unsere Verbindung nach Hause. Reißt die ab, dann heißt es schnell Koffer packen, denn dann geht es zum Einchecken zum Petrus.

Wir haben mehr als genug Energie zur Verfügung. Die Wahrheit ist, wir haben unbegrenzt Energie und müssen auch nicht krank sein oder sterben. Wir können fliegen und noch viele andere lustige Dinge. Wir haben das alles nur vergessen, beziehungsweise wurden so lange gehirngewaschen, dass wir uns so klein vorkommen. Klar, wer sich seiner Größe bewusst ist, der ist kein kleiner Mensch mehr, mit dem man Geld verdienen kann. Die Wahrheit ist auch, dass die Dunklen alles daransetzen, um uns in den Glauben zu versetzen, wir wären irgendwie bedürftig und bräuchten sie, um zu leben. Schau, was sich die alles einfallen lassen, um uns zu bevormunden, das passt wirklich auf keine Kuhaut. Wir können nicht einmal selbst bestimmen, wie schnell wir mit dem Auto fahren, oder wo wir unser

Auto abstellen wollen. Sofort werden wir abkassiert- und schon höre ich wieder auf, das ist eine schlechte Energie und die kriegen von uns keine unserer schönen Energie. Die sollen sich schnellstmöglich vom Acker machen, damit wir endlich unser schönes Leben in Frieden und Freiheit leben können, denn das ist unser Geburtsrecht. Das ist **unsere** Erde. Sie ist unser Erbe. Wir, die wir bewusste Menschen sind und die Natur mit allen Bewohnern achten, sind die rechtmäßigen Bewohner. Jeder, der die Erde und die anderen Lebewesen schlecht behandelt, ist es nicht wert hier zu leben und hat das Recht darauf verwirkt.

Mein Gebet sofort nach dem Augen öffnen lautet jeden Tag:

„Ich gehe in Resonanz zur bedingungslosen Liebe,

ich verbinde mich mit Mutter Erde (über die Fußsohlen lasse ich Wurzeln wachsen in die Erde),

ich verbinde mich mit der Urquelle allen Seins (da ziehe ich die Schnur von meinem Herzen zur Urquelle)

Mit der Verbindung zur Urquelle, bin ich direkt an der Energietankstelle angebunden und mir kann nie die Energie ausgehen.

Falls ich einmal schwächel, dann denke ich wieder an die Leitung und schon steigt die Energie wieder. (Oder ich schmeiße mich aufs Sofa, das funktioniert auch, grins)

Wer sich bewusst ist, dass er immer mit dem lieben Gott verbunden ist, wird nie etwas von **seiner** Energie hergeben, weil er immer verbunden ist, also permanent vom Himmel Nachschub bekommt. Nur, wer sich getrennt fühlt, der kann ausgesaugt werden.

Als ich anfing zu heilen, haben manchmal die Menschen gesagt: „Mensch, da hast ja du keine Energie mehr, wenn du so viele Menschen heilst!“

Jemand, der nicht mit dem lieben Gott verbunden ist, der wird dann platt sein, jemand, der in der bedingungslosen Liebe heilt, wird anschließend fit wie ein Turnschuh sein.

Ein kleiner Tipp am Rande:

Solltest du dich heilen lassen, also energetisch, dann prüfe, ob der Heiler sich richtig verbindet. Falls er das nicht macht, kann er dir auch Energien in dein energetisches Feld setzen, die du sicher nicht haben möchtest. Da muss man sehr aufpassen. Es gibt viele Scharlatane in dieser Branche.

Wer sich in die Ebene der Liebe begibt, ist in der höchsten Frequenz, die es auf Erden gibt und kann nichts falsch machen. In dieser Ebene gibt es keine Dunklen und es kann keine Energie verschwinden.

Klar, aber ein Zeiträuber kann jemand immer sein, da muss man aufpassen, auch wenn man gut angebunden ist.

Wir haben nicht unendlich viel Zeit, da sollte man sich gut überlegen wofür, oder wen man sie nützt.

Da ist es immer ein guter Rat, sein Gefühl als Kompass zu nutzen. Alles, was sich gut anfühlt, kann bedenkenlos und ohne Prüfung getan werden. Wir werden nie ein gutes Gefühl von unserer Seele oder dem Himmel bekommen, wenn eine Sache nicht in Ordnung ist.

Dagegen bei einem grummeligen Gefühl ist es besser einen Bogen um die Sache oder den Menschen zu machen.

Keine falsche Hilfsbereitschaft

Wie kann es falsch sein zu helfen?

Gar nicht, wäre ein kurze und richtige Antwort, gell?

Ich spreche jetzt nicht von einem Fall, wenn es eilt und wirklich eine Not eingetreten ist, in der man schnell helfen **muss**.

Das ist ganz klar, kommt man in eine Situation, in der man behilflich sein muss, dann ist man es, das ist ganz klar ein Akt der Nächstenliebe und sollte selbstverständlich sein, auch wenn es einem selbst gerade nicht hineinpasst.

Ich möchte auch hier wieder auf die Energie eingehen, die sich zeigt, wenn man um Hilfe gebeten wird.

Egal um was es geht, wenn man nicht helfen kann, dann geht es einfach nicht. Ein Beispiel:

Jemand bittet dich um Geld, also eine Hilfestellung und du hast keines übrig. Dann würde es kaum gut sein können, wenn du dich selbst verbiegen musst, nur um behilflich sein zu können. Dann würdest du in Schwierigkeiten kommen, nur damit du helfen kannst.

Ich möchte auf folgendes hinaus:

Es gibt viele gute Menschen, die ein sehr großes Herz haben und einfach nicht „nein" sagen können, weil sie einfach viel zu lieb sind. Sie bringen es nicht übers Herz, jemanden nicht helfen zu können.

Sie möchten am allerliebsten die ganze Welt retten und jedem helfen, der ihnen über den Weg läuft.

Das sind die echten Erdenengel, die einfach nur die Welt retten wollen, aber leider haben sie keinen so großen Geldbeutel dabei, dass es für alle reichen würde.

Diese sagenhaft guten Menschen, müssen allerdings auch etwas lernen, nämlich nur dann helfen zu können, wenn es ihnen möglich ist.

Schau, manchmal müssen die Hilfe suchenden auch etwas lernen, nämlich, dass sie selber mit ihren eigenen Problemen zurechtkommen.

Es gibt allerdings auch eine andere Kategorie Menschen bei diesem Thema, das sind jene, die gerne helfen, um geliebt zu werden. Sie geben ihr letztes Hemd, aus dem Beweggrund heraus, dass sie gelobt oder geliebt werden. Das ist dann eine Hilfsbereitschaft, die nur vom

Ego kommt, und nicht wirklich Liebe transportiert.

Es gibt noch eine Bevölkerungsgruppe, die auch kaum nein sagen kann, wenn sie um etwas gebeten werden, das sind die Mütter, auch die Väter in zweiter Linie. (das kennst du das sicherlich auch, falls du ein Kind hast?)

Irgendwie scheint das auch eine Art Konditionierung zu sein, dass die Menschen denken ein Leben lang seien sie ihrem Nachwuchs verpflichtet. Das hört sich jetzt hart an, ich weiß, das habe ich absichtlich so formuliert.

Wir müssen nicht reden, eine Familie, die zusammenhält, am besten ein Leben lang, ist Goldwert. Wir, in unserem Land haben gar nicht mehr sooo große Familienbande, wie es zum Beispiel in anderen Ländern noch üblich ist, zum Beispiel in südlicheren Gefilden. Bei den Türken ist das noch super, die helfen alle zusammen, wenn einer mal schwächelt, dann hilft die ganze Familie zusammen und gibt dem ärmeren Familienmitglied Geld, das ist wirklich toll. Die brauchen meistens gar kein Sozialsystem, weil die Familie ihre Versicherung ist. Da könnten wir wirklich einiges abschauen.

Ich meine bei uns zum Beispiel die Nesthocker, die schon selbst die ersten grauen Haare bekommen und immer noch bei Mutti wohnen und sich bekochen lassen, aber noch immer keine Lust zu arbeiten haben. (grins)

Du, es darf jeder machen wie er will, ich möchte das auch wirklich nicht bewerten, es geht mir hier nur um die Beleuchtung der Sache, ob da von der Mutter immer noch liebevolle Energie fließt, weil sie es gerne tut, oder nur, weil sie denkt, als **Mutter müsse** man das ein Leben lang tun.

Nein, das müssen sie nicht!

Schau, bei uns Menschen dauert es wirklich eine gefühlte Ewigkeit, bis wir den Nachwuchs so groß gefüttert haben, dass er selbst auf Nahrungssuche gehen kann, mindestens 18 Jahre, heutzutage sogar noch länger. Komisch, früher, konnten wir es gar nicht abwarten, bis wir endlich 18 waren um auszuziehen, und heute muss man die Zöglinge richtig rausschubsen. (grins)

Wenn die Mama ihr Kind nicht gehen lässt, dann nimmt sie ihm ein Stück weit sein eigenes Leben weg. Das Kind muss selbst leben, deswegen ist es auf die Erde gekommen, sonst lernt es nichts.

Die Energie des Gebens muss von Herzen kommen und nicht von irgendwelchen Vorstellungen, dass man etwas machen **muss**.

So geht es den Frauen auch, die immer noch denken, sie **müssten** den Göttergatten täglich füttern… (grins)

Nein, weißt du was?

Wir müssen gar nichts!

Alles was wir denken wir **müssten** das, weil….

Nein, ich stoppe dich gleich beim Denken.

Wenn jemand Hilfe braucht und dich bittet, und du gerne helfen möchtest, weil es dir eine Herzensangelegenheit ist, dann ist es eine himmlische Tat.

Weißt du, dann fließt die Herzensenergie mit und um die geht es. Es geht immer um die Herzensenergie, wenn man gibt.

Das ist Liebe, die bedingungslos ist.

Natürlich kann man seinem Nachwuchs behilflich sein, wenn man es von Herzen gerne macht.

Kommt dagegen der Rotzlöffel jede Woche angewackelt und bettelt die Mutti um Geld an, und sie traut sich nicht „nein“ sagen, weil sie denkt, sie wäre dann eine schlechte Mutter...

Erkläre dich auch nicht in solchen Situationen- ein einfaches „nein“ genügt.

Manchmal wird man auch nicht um Hilfe gebeten, aber man sieht selbst, wenn jemand etwas braucht- dann Hilfe anzubieten und zu geben ist göttlich. Da kann man echte Freude erleben, da gehen die Herzen oft gaaaaaaaanz weit auf.

Wenn es dir möglich ist, dann mache das, du wirst sehen, welch wunderschönes Gefühl das ist, wenn man jemanden überraschend hilft.

Jetzt haben wir eine Zeit, in der auch in unserem Land große Not herrscht. Falls du noch in der glücklichen Lage bist und genügend Geldscheine gebunkert hast, dann gib doch was ab, meinst du wie viel du da zurückbekommst. Diese Liebesenergie, die du mit dem Geschenk überreichst, wird dir 1000fach zurückgezahlt. Der liebe Gott vergisst nichts, da kannst du sicher sein. Alles wird wieder zurückkommen. Diese himmlischen Taten sind wirklich göttlich.

Kristalle, unsere Freunde

Nicht wir Menschen sind die Krönung der Schöpfung, sondern die Kristalle. Das ist kein Witz. Sie haben das höchste Bewusstsein auf der Erde. Manche dienen als Speicher, ähnlich einem Computerchip, auf dem unglaublich viele Datenmengen gespeichert werden können.

Wir können sie wunderbar „benutzen“ zum Putzen unseres Energiefeldes. (Ich komme mir fast schäbig vor, wenn ich „benutzen“ schreiben, weil ich sie als wirklich hohe Geschöpfe sehe.

Sie sind ein wirklicher Schatz auf der Erde und wir sollten uns wieder darauf besinnen, wie sie uns helfen können, denn das machen sie sehr gerne.

Man muss nicht viele Bücher wälzen, um zu verstehen, welcher Stein für welches Gebrechen hilfreich wäre, nein, man kann sich auf seine Intuition verlassen und das klappt immer am besten. Was helfen uns schon Aufzeichnungen von Menschen, die ihre Erfahrungen mit etwas gemacht haben, wenn man selbst vielleicht eine ganz andere Erfahrung mit einem Stein macht? Lass dich einfach darauf ein und du wirst erstaunliches erleben.

Fühle einmal die Schwingung eines Heilsteines, aber pass auf, dass er dich nicht umhaut. Sie können enorme Energien ausstrahlen, die kann nicht jeder aushalten.

Ich möchte hier keinen Ratgeber für die Heilsteine schreiben, dies sollte nur eine kleine Anregung sein, diese Hilfe in dieser Zeit der starken Energien von unseren Freunden anzunehmen.

Erwartungen, ein Bremsklotz fürs glücklich-sein

Ich möchte das Thema Erwartungen unbedingt hier noch einmal ansprechen, wenn ich auch klinge, als ob die Schallplatte hängen würde. (lächel)

Jetzt in dieser wirklich außerordentlichen Zeit, ist es enorm wichtig, die spirituellen Dinge gut umzusetzen, umso leichter ist alles. Die Menschen haben gerade sehr viel mit sich zu tun, es kracht ordentlich, wirklich fast überall.

Wenn du jetzt meinst:

„Mensch Paula, ich habe jetzt andere Sorgen, ich möchte hier nur noch weg, es ist nicht mehr auszuhalten hier auf dem Idiotenplaneten!!!"

Ja, ich verstehe dich besser als du dir vorstellen kannst.

Meine Antwort ist immer dieselbe:

Versuche immer wieder sooft wie möglich deine Schwingung so hochzuhalten, damit du schon ein „neue Erde"-Niveau erreichst.

Alles steht und fällt mit der Schwingungsebene. Glaub mir, das ist keine Zauberei, es ist wirklich so:

Wenn die Schwingung hoch ist, dann ist alles paletti. Du bist dann in einer Ebene, in der es flutscht. Es liegt wirklich an dir alleine, dich hier einzuklinken und nicht mehr runterschubsen zu lassen.

Falls es dir schwerfällt und du immer wieder in die Dramen der alten Welt einsteigst, dann zwinge dich konsequent dich abzulenken. Mache ganz banale Dinge, die zu deinem Leben gehören. Kümmere dich um dich selbst, dein Zuhause und deine Familie, was auch immer zu tun ist.

Energie folgt der Aufmerksamkeit. Das sollte dir ganz stark im Bewusstsein verankert sein. Jeder Gedanke ist Energie und manifestiert sich. Versuche viel Zeit in deinem Tag mit guten Gedanken zu verbringen. Immer, wenn du denkst:

Der Deppenamtsvorsteher vom blablabla-Amt… stoppe sofort, denn damit gibst du ihm deine schöne Energie. Immer, wenn du merkst, deine Gedanken gehen irgendwohin in eine negative Ecke, dann lenke gleich um in eine gute Richtung. Du kannst auch an ganz banale schöne Dinge denken, Hauptsache sofort weg vom Trübsal blasen. Denke an das Mittagessen und wie du dich darauf freust oder auf den Fernsehabend, egal, das ist hartes Training, ich weiß, aber es muss wirklich sein, damit es dir gut geht und du deine wertvolle Energie für dich behältst. Die Zeiten sind echt krass, da hat keiner überschüssige Energieressourcen, um sie der Dunkelheit zu geben.

Wir alle brauchen jetzt unser Licht und unsere Kraft, um die Dunklen aus dem Tempel zu vertreiben.

Wir sollten unsere Liebesenergie bündeln, dann ist sie so hell, dass sie geblendet sind. Der liebe Gott ist am Aufräumen und wirft sie alle raus aus dem Spielfeld. Sie haben ihr Recht auf ein Dasein auf dem wunderschönen Planeten verwirkt. Sie haben sich benommen wie eine Horde Wilder und die friedlichen, liebevollen Menschen jahrtausendelang drangsaliert, die Erde ausgebeutet und die Tiere schikaniert, damit ist jetzt Schluss. Die Posaunen tönen, das Endspiel ist angepfiffen. Jetzt ist Schluss mit Lustig.

Es werden alle ohne Seele vom Feld genommen, du wirst staunen, wie viel Luft wir hier bekommen und wie friedlich und schön es dann auf Erden sein wird. Das ist das versprochene Paradies auf Erden, unsere **neue Erde.**

Wenn die Erde gesäubert ist, also ordentlich durchgeputzt, dann lässt es sich hier wieder anständig leben. Das ganze „Gschmoas“ muss weg. (haha, vor lauter Schimpfen hab ich ein bayerisches Wort benutzt, das heißt sowas wie… grins, jetzt weiß ich keine Übersetzung. Gschwerl, sagt man bei uns auch. Ja einfach die bösen Leute, die ohne Seele sind)

Manchmal fragen mich Menschen, ob sie auch mit aufsteigen. Ja, natürlich, ist die Antwort. Jemand, der diese Frage stellt, ist schon in der Aufstiegsschleife drinnen. Ein „nicht-Aufsteigender“ würde gar nicht auf die Idee kommen, so eine Frage zu stellen.

Es ist ganz einfach

Der Aufstieg ist eine reine Bewusstseinssache. Schau, zum Beispiel ein Engel der schwingt so hoch, weil er voller Liebe ist und eben ein Engel ist, dass er unsichtbar für uns ist und in einer sehr hohen Dimension lebt.

Wir, weil wir hier inkarnieren wollten (haha, gell, **wollten**!!!) schwingen sehr tief. Es gibt unzählige Dimensionen, und es gibt nur 1 Kriterium, in welcher Dimension einer wohnt:

Die Liebe.

Wenn einer bedingungslos lieben kann, und glaube mir, das ist verdammt schwer, dann schwingt er enorm hoch.

Liebe ist der Schlüssel auf die neue Erde.

Wer ein gutes Herz hat, mitfühlend ist und dankbar- also jemand, der den Weg der Wahrheit geht, wird auch emporgehoben vom lieben Gott.

Es gibt nur 2 Wege:

Den Weg der Wahrheit, dem lieben Gott folgend, oder

der Lüge und der Dunkelheit.

Du musst kein „guter“ Mensch sein, im Sinne von vielen Omis über die Straße geholfen zu haben, oder deinem Göttergatten immer schön die Suppe auf den Tisch gestellt- nein, wenn du ein offenes

Herz hast, dann ist deine Schwingung sowieso hoch. Du kannst dann gar keine richtig bösen Sachen machen, das geht gar nicht.

Schau, wenn du das Büchlein jetzt liest, dann kannst du gar keiner sein, der jemanden um die Ecke bringt, oder etwas klaut, weil du dann das Büchlein gar nicht lesen würdest. Dich würde so ein Geschreibsel von mir gar nicht interessieren, ganz im Gegenteil für solche Menschen bin ich ganz klar eine Gspinnerte und nicht ganz dicht.

Solche Menschen lesen eher Krimis oder andere wilde Lektüre.

Erwartungen-

der Bremsklotz schlechthin.

Weißt du was Erwartungen eigentlich sind?

Sie zeigen dir, falls du welche hast, dass du gar kein Vertrauen hast. Du hast kein Vertrauten in den lieben Gott, oder das Leben.

Klar, du denkst dir, mei, wenn doch… dieses oder jenes **endlich** eintreten würde, dann, ja dann hätte ich es endlich viel besser.

Immer, wenn du etwas erwartest, begibst du dich in eine Frequenzebene, die genau **das**, was du erwartest, blockierst.

Ganz schön blöd, diese Sache mit den Erwartungen.

Das muss man aber wissen, weil man sich das Leben enorm erleichtern kann, wenn man sich selbst aus der Erwartungshaltung herausnehmen kann.

Sobald du auch nur ganz leicht etwas erwartest, so ein Schielen auf das Konto, ob nicht doch dies oder jenes eingegangen ist…

Da kann man sich auch schnell selber anlügen, wenn man sagt:

„Ach, ich erwarte gar nichts vom Leben, es kommt, wie es kommt!“

Ja, bis dann die erste Krise kommt, dann wird schnell geschimpft, weil das oder jenes nicht eingetroffen ist.

Ich kann immer wieder ermuntern, sich selbst genau zu beobachten und konsequent immer dann, wenn du dich selber ertappst, die Gedanken umzuleiten.

Du wirst in Kürze feststellen, dass plötzlich Dinge, die du dir vielleicht Jahre oder Jahrzehnte sehr gewünscht hast, eintreffen, wie von Zauberhand. Auch Menschen verändern sich plötzlich- manchmal denkt man, sie wurden ausgetauscht.

Man wünscht sich, dass sich jemand ändert, weil es mit ihm schier nicht auszuhalten ist… (grins).

Wenn man dann sagt:

„Ok, hab ich halt einen Idioten geheiratet, jetzt ist es auch schon wurscht, die paar Jahre schaffe ich auch noch mit ihm!“ (hihi, das war ein bisschen übertrieben)

Das nimmt die Energie heraus.

Hingabe-

ich finde mich einfach ab.

Dann, kann das Universum liefern. Nein, es steht nicht ein knackiger, gutaussehender junger Mann vor der Türe (haha), sondern der Ehemann ändert sich. Ein Wunder ist geschehen.

Sei offen für die Wunder. Probier es einfach aus. Du kannst nichts verlieren, nur gewinnen.

Ich habe selbst die Erfahrung gemacht und Erwartungen oft jahrzehntelang gehabt und dann erlebt, als ich keine Lust mehr darauf hatte, wie sich alles veränderte.

Schau, wenn etwas nicht funktioniert, dann muss man einfach was ändern. Wie sollte sich etwas ändern, wenn es schon so lange nicht geklappt hat?

Manchmal ist es nur eine Klitzekleinigkeit im Denken oder Fühlen, das alles verändert.

Das Zauberwort ist immer die Liebe.

Lass Erwartungen fallen und ersetze sie durch Liebe.

Liebe zur Abwechslung einmal.

Wenn der Idiotenehemann nun einmal dein Mann ist, dann liebe ihn zur Abwechslung einmal, anstatt innerlich einen Groll zu hegen. Versuche, gut zu ihm zu sein. Probier es aus. Die Liebe ist das Allheilmittel für alles.

Du kannst nie etwas falsch machen, wenn du jemanden liebst.

Es kommt dir selbst immer zugute.

Warum?

Ganz einfach deswegen:

Du kommst durch dieses Liebesgefühl in eine hohe Schwingung und die ist für dich das allerbeste, was du dir antun kannst.

Liebe ist die Antwort auf alle Fragen und das Allheilmittel.

Das ist die Wahrheit.

Die Wahrheit wird uns frei machen,

hat unser Freund gesagt.

Eine uncoole Begrifflichkeit: „Sorgen machen“

Mütter sind dafür bekannt und die Nummer eins unter den Sorgen-Machern!

Das ist sicherlich menschlich, beziehungsweise gar nicht, denn bei Tieren ist das auch so, sie sorgen auch für den Nachwuchs und geben oft ihr Leben für die Kleinen. Das hat aber nicht immer einen emotionalen Hintergrund, sondern ist einzig und alleine deswegen, weil die Art erhalten werden soll.

Wir Menschen haben uns eher von der Natur wegbewegt. Wir haben diesen Aspekt völlig aus den Augen verloren. In Ländern, in denen noch normal gelebt wird, hat man viele Kinder, damit man nicht ausstirbt. Da gibt es verschiedene Stämme und die brauchen auch Nachwuchs, der sie dann im Alter versorgt. Bekommen sie zu wenig Kinder, dann klappt das vielleicht nicht mit der Versorgung im Alter. Die haben keinen mobilen Altenpflegedienst, sondern nur die Kinder. Falls wenig Essen da ist, werden nur die stärksten durchgefüttert, das ist wegen des Überlebens aller entscheidend

Schau, das ist in den Genen, dass man natürlich sein Kind gut durchbringen will. Wir sind natürlich jetzt schon viel weiter und lieben die Kinder abgöttisch (meistens) und möchten, dass sie ein schönes Leben haben.

Weil die Vorstellung eines schönen „Leben habens“ diskutierbar ist, haben die Eltern meist völlig andere Erwartungen an den Nachwuchs, als er selbst. (haha) Das war schon immer so und wird auch so bleiben.

„Wir meinen es ja nur gut mit dir!“ (haha)

Wahrscheinlich der am Meisten gesprochene Satz, in Endlosschleife, von Eltern.

Oja, als Kind kann man das nimmer hören, als Erwachsener sagt man genau dasselbe! **Schrecklich**!!!

So ist das.

Wenn wir das Ganze spirituell anschauen, stellen wir fest, dass es immer die „schlechten“ Zeiten sind, die einen Menschen voranbringen. Gibst du mir da recht? Ich habe das selbst so erlebt und sehr oft sehen können, bei anderen Menschen.

Wenn es jemanden gut geht, er völlig sorgenfrei ist, wieso soll er sich dann um sein Seelenheil kümmern? Läuft doch alles wie geschmiert! (haha)

Ja, bis dann die Einschläge kommen, dann wird erst einmal gejammert und geklagt.

Jetzt kommt sofort die Mutti und klebt ein „Pflaster" auf die Wunde.

Hat der Bengel mit seinen 34 Jahren seine Kohle verprasst und wurde gekündigt, dann kommt die Mama mit den Scheinen und hilft. Klar, der „arme" Junge soll alles, nur nicht leiden!

Genau da denkt die Mama falsch.

Sie nimmt dem Sohnemann etwas sehr Wichtiges weg:

Seine Möglichkeit zu reifen und voranzukommen. Durch ihre falsche Hilfsbereitschaft kann er keine Erkenntnis gewinnen.

Warum sorgen wir uns dann, wenn es falsch ist sich einzumischen, wenn es gar nicht nötig ist?

Bitte verstehe mich nicht falsch:

Natürlich muss man helfen, wenn es notwendig ist, aber nur dann. Du verstehst, was ich meine. Ich möchte hier nicht alle Beispiele aufzählen, wo man helfen sollte und wo nicht. Es geht mehr um das sich sorgen, weil man denkt, jemand dürfe keine schlimmen Erfahrungen machen, also jemand sollte tunlichst nicht leiden.

Warum eigentlich nicht?

Wenn uns Leiden hilft reifer zu werden und zu lernen, warum sorgen sich dann andere Menschen immer um uns?

Du kennst doch auch solche Sätze wie:

„Komm gut nach Hause"

„Pass gut auf“

„Sei achtsam“, und so weiter.

Die Frage: „Gehts dir gut?“ Hat sich auch so eingeschlichen und wird jetzt immer gerne gefragt. Ich mag sie nicht so gerne, weil derjenige, dem die Frage gestellt wird, ein bisschen in der Zwickmühle ist.

Mir ging das einmal so, als ich diese Frage gestellt bekommen habe, aber gerade alles andere als wohlauf war.

Sollte ich dann ehrlich sein und mit „nein“ antworten, oder sollte ich lügen und sagen: „Passt scho“?

Alles nicht so einfach.

Meist interessieren sich die Menschen nicht wirklich, wie es einem geht, deswegen diese Frage.

Wer jemanden fragt, wie es ihm geht, muss damit rechnen, dass derjenige einem gleich sein ganzes Leid klagt und man vor einer Stunde nicht weiterkommt. (grins).

Ja, selber Schuld, wenn man keine Zeit hat, sollte man besser auch nicht fragen.

Ehrlichkeit ist wichtig, nur so kommt man auf dem spirituellen Pfad voran, ohne geht es nicht.

Wer sich sorgt, verbindet sich mit dem Menschen und senkt dabei seine Schwingung, das ist nicht so schlau.

Besser ist es, mit guten Gedanken an den Menschen zu sein, dann öffnet man sein Herz und die Liebe strömt zu dem Kind oder jemanden anderen, dann hat der auch was davon, wenn er will.

Sorgen machen, hilft gar niemanden, sondern schwächt nur denjenigen, der sich sorgt.

Sorgen machen heißt auch, dass man kein Vertrauen hat in das Leben.

Schau, wenn ich dem lieben Gott vertraue, und darauf vertraue, dass mein Kind oder jemand anderes, seinem Seelenplan folgend lebt und alles in bester Ordnung ist, dann mache ich mir keine Sorgen.

Sorgen machen heißt auch, ich traue denen im Himmel nicht ganz. (hihi) Vielleicht vermeiern sie es und vergessen meine Sorgen? (grins)

Nein, wenn du die Sorgen loslässt, dann kann der Himmel wirken. Sorgen machen, heißt Handbremse anziehen und du bist in einer Erwartungshaltung und solch einer festen Energie, dass die Engel und der liebe Gott gar nicht zu dir durchkommen.

Bleib locker und überlass es dem Himmel, die helfen schon, wenn es nötig ist.

Du kannst ja beten und dich dann getrost zurücklehnen und den Himmel seinen Job machen lassen.

Einmischen ist genauso eine niedrige Energieschwingung.

Einmischen senkt auch die Schwingung

Spirituell fortgeschrittene Menschen wissen natürlich, man solle sich nicht in anderer Leute Angelegenheiten einmischen. Weißt du, was meine Erfahrung ist? Genau **diese** Gruppe Menschen sind sehr oft welche, die sich sogar oft einmischen, wenn ihnen was nicht am Leben anderer gefällt. (grins)

Sie tönen schon, man muss die Menschen lassen wie sie sind, aber nur, wenn sie nicht rauchen, kein Fleisch essen und sich, das Wort benutze ich jetzt nicht, umweltfreundlich benehmen, was immer das in ihren Augen ist. Mehr sage ich nicht zu dem Thema, weil ich sofort fühle, dass eine niedrige Energie hereinkommt.

Weißt du, wenn jeder vor seiner eigenen Türe kehren würde, also sich um seine eigenen Angelegenheiten kümmern, dann wäre die

Welt wahrscheinlich schon völlig in Ordnung.

Schau, jede Seele hat einen Seelenplan aufgestellt vor dem Eintreten in die Welt als Mensch. Da gibt es Vorgaben, und auch Ziele, die sich eine Seele steckt, um etwas zu erfahren. Das sind natürlich Themen, die von deinen eigenen abweichen. Du bist vielleicht mit einem Spießerleben zufrieden, deine Karriere als Postbote im mittleren Dienst, dein Reihenhaus, Frau und 2 Kindern ist dir mehr als genug Aktion. (grins)

Dein Nachbar haut dagegen ordentlich auf die Kacke, hätte ich jetzt beinahe geschrieben, (grins) und lässt keine Peinlichkeit aus. Die Frauen geben bei ihm sich die Klinke in die Hand, Kinder hat er so viele, dass er den Überblick verloren hat und das Geld kommt natürlich vom Amt, woher sonst? (haha)

So, jetzt sage mir einmal, wer von den 2 Seelen sich beim anderen einmischen kann und sollte und was dabei herauskommt?

Nichts Gescheites.

Das sind wie zwei Welten.

Jetzt nehmen wir an, du bist in einer Fabrik ein Arbeiter und da sind 100 Angestellte. Sie alle sind völlig verschieden, und dennoch alle am selben Arbeitsplatz.

Wie sollten jetzt bei einem Streit einer den anderen belehren können? Gar nicht, weil jeder so unterschiedlich ist, dass der eine den anderen genauso versteht, als ob ein Türke in seiner Landessprache mit einem Italiener spricht.

Nicht nur die verschiedenen Leben in unterschiedlichen Ländern sind komplett „anders“, sondern auch in **einem** Land gibt es unzählige verschiedene Lebensmuster.

Ich denke mir manchmal, komisch ist das schon:

In einem kleinen Dorf wohnen ein paar Hundert Leute und die vielleicht 100 Familien leben total unterschiedlich und in den Familien gibt es auch noch komplette Unterschiede, was die

Lebensbetrachtungsweise anbelangt. Die Mutter ist ganz anders als der Sohn und die Oma und so weiter.

Wie können wir dann ein Urteil über jemanden fällen, oder uns gar einmischen?

Wozu auch?

Wieso wollen wir andere Menschen überzeugen, sich zu ändern? Denken wir vielleicht, **wir** hätten es verstanden, wie es richtig gehen sollte?

Dann denken wir, der andere sollte das eigene Modell annehmen, weil wir so toll sind. (grins) Weit gefehlt.

Erstens, kann der andere keinen Bewusstseinssprung machen, also seine eigene Entwicklung überspringen und zweitens:

Vielleicht bin ich selber noch gar nicht so weit, wie ich denke und der andere ist sogar schon weiter und ich habe es nur nicht gesehen. (haha, das gibt es oft)

Alles ist eine Sache der Wahrnehmung.

Jeder Mensch möchte etwas lernen, deswegen ist er da. Wenn jetzt eine Frau Siebengescheit daherkommt und ihm seine Lernaufgabe wegnimmt, dann muss der arme Tropf am Ende noch einmal auf die Welt kommen, nur weil er keine Gelegenheit hatte sein Pensum zu schaffen.

Wir sollten uns da wirklich zurückhalten und aus einer sicheren Entfernung schauen, was passiert.

Aber, und jetzt kommt ein großes

Aber:

Bitte nicht zu verwechseln mit unterlassener Hilfeleistung.

Die Dunklen haben den spirituellen Menschen erzählt, sie sollen alles geschehen lassen, weil „Gott gewollt“ und sich nicht einmischen.

Ja, ich weiß, ich habe das auch gerade gesagt.

Es gibt aber einen feinen Unterschied:

Sich nicht einzumischen, weil jemand auf seinem Weg ist und Erfahrungen machen möchte und jemand, der plötzlich in eine Notlage kommt und dringend Beistand benötigt.

Wir sind alles Menschen, die miteinander leben. Wir sind kollektiv miteinander verbunden und haben auch eine gewisse Verantwortung zueinander.

In spirituellen Kreisen, die sich heute mehr im Internet treffen, als persönlich, wird das oft publiziert, dass man nur zusehen soll und nicht eingreifen.

Da möchte ich entschieden dagegen halten.

Was wären wir für Menschen, wenn wir tatenlos zusehen würden, wenn jemand vor unseren Augen verunfallt, oder einem Verbrechen zum Opfer fällt?

Wie kann es sein, dass soviel Gewalt und Missbrauch in den Familien passieren kann? Sieht das niemand, oder wo schauen die Menschen hin?

Kann es sein, dass jeder so mit sich beschäftigt ist, dass er gar nicht mehr über den Gartenzaun schaut?

Wo sind die Menschen, die an den Fensterbänken lehnen und die Nachbarschaft beobachten? (lächel)

Gibt es sie überhaupt noch, die Bankal-sitzer? Ja die gibt es noch, in der Gruppe „Treffpunkt neue Erde“, da trifft man sich des Nachts auf dem Bankal im Paradies, jeden Abend. (lächel)

Weißt du, natürlich ist es nicht fein, neugierig zum Nachbarn zu schauen. Wenn allerdings einmal bei ihm eingebrochen wird, dann ist er froh, wenn der Nachbar schaut.

Ich weiß schon, was rundum los ist. Da ich sehr lärmempfindlich bin, höre ich die Flöhe husten und schaue, gleich wo was los ist.

(grins)

Wir sollten auch zusammen gut auf die Kinder aufpassen, auch auf solche, die uns nicht gehören.

Du, ich schaue schon, wenn ein Kind Vollgas plärrt und beobachte die Situation genau. Klar, wer Kinder hat, weiß, wie die losschreien können, nur weil ihnen ein Wunsch nicht erfüllt wird. Dennoch, kann immer auch etwas anderes los sein, da sollte man zumindest achtsam sein.

Schwache, oder behinderte Menschen, sollten wir auch immer aus dem Augenwinkel heraus beobachten, damit man einspringen kann, wenn Hilfe benötigt wird.

Irgendwie läuft bei uns jeder für sich dahin, ohne zu schauen und oft auch ohne zu grüßen. Warum eigentlich? Sind wir uns alle egal?

Letztes Mal, wollte eine Frau, die sehr klein war, etwas aus dem Regal holen, das ging aber nicht, da ging ich einfach hin und war behilflich. Da frage ich gar nicht, sowas sehe ich einfach.

Wie kann es sein, dass Menschen zuschauen und nicht mehr einschreiten, wenn vor ihnen etwas Schlimmes passiert? Schauen, die Menschen zu viel Fernsehen?

Manchmal heißt es, wir müssten nichts tun für unseren Aufstieg, wir werden von den Außerirdischen abgeholt und alles ist paletti.

Hinsetzten und warten ist gut, aber wir sollten nicht vergessen, dass wir zum Leben auf die Erde gekommen sind und nicht zum Herumsitzen und nichts-tun.

Wir haben 2 Hände und 2 Füße bekommen, um etwas zu tun und auch um uns zu bewegen.

Schau, würden die Menschen alle schon aufgewacht sein und erkennen, was hier schiefläuft, dann würden sie sehen, dass man durch einen Zusammenhalt sehr viel erreichen kann.

Ich muss manchmal ein bisschen grinsen:

So oft wird zu Massenmeditationen aufgerufen, weil gebündelte Energie mehr sein soll, als wenn einzelne Menschen für sich alleine meditieren. Das halte ich für ein Gerücht. 100 einzelne Menschen, die für sich beten, erzeugen genauso viel liebevolle Energie, als 100 die sich miteinander verbinden. Davon abgesehen, halte ich es für nicht ungefährlich, sich mit anderen Menschen zu verbinden, weil man nie weiß, wer ein schwarzes Schaf ist und eventuell eine Besetzung hat, die dann den Besitzer bei der Meditation wechselt. In diesen Zeiten nicht ungefährlich.

Für eine Gruppenmeditation sind die Menschen offen und treffen sich zahlreich. Im „echten" Leben eine Veränderung zu schaffen, dazu reicht es nicht. Ja, es ist leichter im warmen Stübchen zu meditieren, als mit einem Spaten zu buddeln, um einen Gemeinschaftsgarten anzulegen, oder irgendetwas anderes sinnvolles für unser Leben zu tun.

Die Dunklen haben uns die ganze Technik in die Hand gedrückt, um uns zu beschäftigen. So geht kaum mehr einer vor die Türe, um etwas Tolles zu organisieren. Nein, es reicht nicht aus, in spirituellen Tönen zu summen oder Weltmeister im Meditieren zu werden, sondern man sollte das „**echte**" Leben nicht vergessen. Zu viel Zeit wird im virtuellen Leben verschwendet, oder beim Fernsehen. Es wird Zeit, hinaus in die Natur zu gehen, und den Planeten wieder aufzuräumen.

Sträucher sollten gepflanzt werden, Kräutergärten angelegt und Gemüsegärten brauchen wir dringend. Die Steine aus den Gärten gehören in die Bahngleise und nicht in die Vorgärten. Da sollten Sonnenblumen blühen, damit die Bienen was zum Essen haben. (Wir möchten ja auch gerne einmal ein leckeres Honigbrot essen)

Ich würde sagen:

Ärmel hochkrempeln, es wird Zeit die neue Erde in Angriff zu nehmen. Jeder ist gefordert, es gibt viel zu tun. Das Paradies können wir schon einmal anpflanzen. Wenn wir in die 5. Dimension aufsteigen, gehen die Pflanzen mit. Somit ist das eine gute Investition für unser neues Leben. Ich freue mich darauf. Ich bin dann eine Gärtnerin auf der neuen Erde. Ich werde den ganzen Tag buddeln und abends voller Schmutz zufrieden in mein Erdhaus gehen- ein wundervolles Leben steht vor der Türe, es ist zum Greifen nahe.

Um abschließend zusammenzufassen, was das Thema Einmischung anbelangt:

Auch hier, wie bei allen anderen Themen auch, ist es immer der allerbeste Ratschlag sein Herz zu öffnen und die Liebe hinauszulassen, dann wirst du immer die richtige Entscheidung treffen, ob du jemanden einen „Blödsinn" manchen lässt, oder eingreifen solltest, weil es so richtig wäre.

Wenn du in der Liebe bist, also hoch schwingst, wirst du immer wissen, was in der jeweiligen Situation richtig ist. Dein Herz ist immer der allerbeste Ratgeber.

Manchmal ist es auch gut und richtig, einfach zu handeln, nicht zu fragen, sondern nur zu tun. Da ist dann keine Zeit um höflich zu fragen, ob man helfen solle, sondern, dann tut man es einfach, weil man ein Mensch ist.

So einfach ist das.

Wenn wir das Haus verlassen und unser Herz weit öffnen, haben wir auch einen weiten Blick und sehen um uns herum was los ist. Wenn du in dieser Schwingung bist, kannst du fühlen, wenn jemand sich nicht gut fühlt und kannst einschreiten, und wenn es nur mit einem Witz ist. Hast du gewusst, dass es viele alte Menschen gibt, die in die Supermärkte gehen, nur um Menschen um sich herum zu haben?

Weißt du, es wird Zeit, dass wir wieder ein bissal zusammenrücken und uns auch wieder „sehen".

Haha, ich bin niemand, der gerne mit vielen Menschen zusammen ist, das kann ich gar nicht wegen den Energien, aber am Vorbeigehen einen kleinen Spruch, kann schon jemanden ein Lächeln ins Gesicht zaubern und das ist schon sehr viel für zahlreiche Menschen.

Wenn du deine Aura schützt, mit der violetten Farbe von Erzengel Zadkiel, dem blauen Mantel von Erzengel Michael und eine goldene, weiße und diamantene Schicht einweben lässt, dann kannst du ganz getrost dein Herz weit öffnen. So kommt kein Schmutz in deine Aura und nichts Dunkles. So kannst du Freude unter den Menschen verbreiten und selbst viel Spaß haben. Schau einmal den Kindern tief in die Augen, da wirst du Sensationelles sehen.

Kleine Kinder, die in den Wägen sitzen beim Einkaufen zum Beispiel, schauen ja noch richtig die Menschen an. Das mache ich sehr gerne, dass ich mit denen Faxen mache, die lachen wenigstens über jeden Blödsinn. (grins).

Du bist ein sehr lichtvolles Wesen, weil du in dieser Zeit hier auf die Erde gekommen bist. (Freilich sind viele lichtvoll, haben aber ihr Licht gedimmt, weil sie noch lernen wollen) Du hast die Aufgabe mitgebracht, deine Mitmenschen ein wenig fröhlicher zu machen. Drehe dein Licht auf volle Stärke auf, damit dich alle sehen können. Gehe bewusst, mit erhobenen Hauptes und voll aufgedrehtem Licht in die Welt. Mache dir immer dann, wenn du dein Heim verlässt, bewusst, welche sagenhafte licht- und liebevolle Seele du bist, mit dem Auftrag, die Welt ein bisschen besser zu machen. Strahle, was das Zeug hält und gehe sehr bewusst unter die Menschen, genau in diesem Bewusstsein. Du wirst merken, wie sich dein Gang verändert, du wirst förmlich größer, weil du deine Schultern zurücknimmst, und richtig aufrecht gehst. So hast du eine enorme Ausstrahlung, dass dich die Menschen bemerken und anschauen. Weißt du, in diesen kleinen Momenten, ist den anderen nichts direkt bewusst, sondern nur der Seele. Bei den Menschen, denen du begegnest, hinterlässt du etwas, also in ihrer Seele. Die andere Seele erkennt dich und erinnert sich. Der Mensch wahrscheinlich nicht, der sieht dich nur als einen normalen Menschen. Falls du nicht mit Minirock und Stöckelschuhen herumstaxelst, wirst du nicht sonderlich auffallen. Als Seele schon, wenn du bewusst dein Licht aufdrehst.

Du wirst erstaunt sein, was du alles erlebst. Dir werden Dinge passieren, die echt berührend sind.

Plötzlich lächeln einen die Menschen an- sie freuen sich richtig.

Stelle dir vor, alle lichtarbeitenden Seelen würden so konsequent ihr Licht verbreiten, da könnte man gaaaaaaaaaanz vielen Menschen eine Freude bereiten, das ist toll und auch wirklich nötig.

Viele stecken schon den Kopf in den Sand, weil sie gar keine Lust mehr haben auf dem Idiotenplaneten zu leben, was wirklich verständlich ist.

Warum ich das verstehe, mit dem Idiotenplaneten?

Du wirst sicherlich denken, die Paula tönt immer von der schönen Welt und der hohen Schwingung und überhaupt vom Paradies und jetzt schreibt sie etwas vom Deppenplaneten?

Ja, beides ist richtig.

Wir haben definitiv 2 Welten, da gibt es keinen Zweifel.

Die Menschen haben sich auch schon aufgeteilt, das kann man gut erkennen, dass es zwei Gruppierungen gibt.

Unsere alte Welt, in der ich auch Jahrzehntelang gelebt habe, wurde von den Dunklen komplett geschrottet. Wohin man schaut, nur Baustellen. Ich zähle die aber nicht auf, weil das ein dicker Schmöker werden würde und kein Büchlein zum Schwingung anheben.

Einige Wenige haben alles falsch gemacht und die Masse hat mitgemacht, das ist die Wahrheit.

Da alles nach einem großen Plan abläuft, sind wir jetzt am Ende angelangt und steigen auf in eine höhere Bewusstseinsebene, natürlich nur jene, die das wollen. Menschen mit einem offenen Herzen, die liebevoll sind, haben so eine hohe Schwingung, dass sie mit aufsteigen werden, mit ihrem physischen Körper. Die anderen wollen noch lieber in der unteren Schwingung bleiben und hier ihr Leben weiterführen. Jeder, wie er es möchte. Das eine ist genauso in Ordnung, wie das andere.

Letztendlich sind das alles nur Erfahrungen der einzelnen Seelen. Wir alle sind schon sooft auf der Erde gewesen, dass wir jetzt keine

Lust mehr haben auf den ganzen Blödelkram und uns ins Paradies verziehen und das Spielfeld den anderen überlassen. Wer mitkommen möchte, kann das tun. Es gibt nur eine einzige Eintrittskarte für die neue Erde:

Liebe.

Es steht Liebe drauf.

Wer mit Liebe nichts am Hut hat, wird auch nicht auf die neue Erde wollen.

So einfach ist das.

Wer weiter in der Materie spielen will, würde auf der neuen Erde vor Langeweile sowieso gleich sterben. (haha)

Da gibt es die elektronischen Spielsachen nicht mehr, da wird noch zusammen gesessen und geratscht. Da brauchen wir nicht mehr viel, weil wir uns einfach freuen, ohne Grund.

Glücklich sein, ohne Grund, das ist göttlich.

Was will man mehr?

Die Zellen haben lachende Gesichter

Wusstest du, dass unter einem Mikroskop betrachtet, unsere Zellen lustige Gesichter haben? Wirklich, kein Witz.

Letztendlich sind wir auf körperlicher Ebene nicht ein Kopf, Arme, Beine, Hirn und der Rest, nein, eigentlich sind wir nichts anderes als ein Zellhaufen.

Jedes Organ, oder Körperteil besteht aus Zellen- unzähligen Zellen.

Diese Zellen sind miteinander verbunden. Wenn da irgendwas nicht richtig läuft, dann wirkt sich das auf den ganzen Körper aus. Schau, die Schulmediziner sagen dir bei Bauchweh, du musst eine Tablette für den Bauch nehmen, vergessen dabei ganz, dass die Bauchzellen mit dem ganzen restlichen Zellhaufen verbunden ist. Ist irgendetwas faul im Körper, dann verbreitet sich das.

Schau, du hast vielleicht einen Vitaminmangel, dann sind deine Zellen unterversorgt. Zudem hast du zu viel Schokolade gegessen und viel zu viel geraucht, sodass deine Zellen mit Giften belastet sind. Gut, tot umfallen wirst du so schnell nicht, aber dein schwächstes Organ wird als erstes mucken.

Du kennst sicherlich dein schwächstes Organ? Das ist das, was immer etwas Probleme bereitet.

Der Eine bekommt schnell einen Durchmarsch, der Andere auf den Bronchien, oder hat mit der Haut ein Problem.

Nicht der ganze Körper geht gleich kaputt, das geht Stückweise (haha). Teil für Teil geht kaputt, wie beim Auto!

Ich möchte dich nicht vom Arztgehen abhalten, überhaupt nicht, dennoch ist es sinnvoll, sich um den ganzen Körper zu kümmern, vom Seelischen ganz abgesehen.

Lassen wir das Geistig-Seelische einmal weg, und gehen nur auf die Zellen ein.

Wenn wir einen Schmerz spüren, oder vielleicht wächst uns eine Beule irgendwohin, dann stimmt etwas nicht im Körper. Die Beule ist nur das sichtbare Zeichen, dass etwas innerlich nicht in Ordnung ist. Auch die Gerätschaften, die einen durchleuchten können, sehen nicht alles.

Es ist etwas aus dem Gleichgewicht geraten, was, das kann man nie genau sagen. Auch die Blutbilder zeigen nur ein bisschen etwas.

Ursachenforschung ist immer kein leichter Weg.

Auf alle Fälle kann man nie etwas falsch machen, den Körper gut zu behandeln.

Wenn sich was zeigt, egal wo, dann ist es spätestens dann Zeit, sich gut um sich zu kümmern. Die Zellen wollen gut versorgt werden, damit sie gut arbeiten können. Wer sie trocken laufen lässt, weil er zu wenig trinkt oder sie mit Giften zumüllt, muss sich über nichts wundern. Wer die Zellen nicht mit dem versorgt, was sie für ihre Arbeit benötigen, wird über kurz oder lang immer Probleme bekommen. Das ist wie, als ob du in dein Auto nie Öl nachfüllst. Das geht eine Zeitlang gut, bis dann die Kolben nicht mehr rutschen und es ist vorbei mit Autofahren: Kolbenfresser.

Wenn Zellen verhärten, also die Membranen, dann kann kein Zellaustausch mehr stattfinden. Nur noch wenige Vitamine können in den Zellkern hinein und keine Giftstoffe mehr hinaustransportiert werden, das ist sehr schlecht- dann wird es ungemütlich. Es gibt viele Möglichkeiten seine Zellen auf Vordermann zu bringen, eine davon ist Heilfasten. Das ist ein regelrechter Neustart für die Zellen.

Da wird ordentlich durchgeputzt und die Zellen haben dann, unter dem Mikroskop betrachtet, wieder ihr lachendes Gesicht.

Egal, ob du eine Befindlichkeitsstörung hast oder nicht, ist es ein guter Tipp sich die Zellen als freundliche Gesichter vorzustellen. Sie schwimmen lustig im Zellwasser herum und haben jede Menge Spaß. Sie spritzen sich nass und die neuen Zellen, also die junge Zelle, haben noch Schwimmflügelchen an an.

Es kommen ja täglich Millionen Zellen neu dazu und die alten sterben weg. Wie bei uns Menschen auch. Eine ganz normale Entwicklung. Wenn man jetzt zu den jungen Zellen besonders freundlich ist, dann werden sie selbständige Zellen und machen nicht das nach, was die alten Zellen, also die sterbenden, vorgemacht haben. Sie sind lustige Zeitgenossen mit fröhlichen Gesichtern, die ihren Job mit Bravour erledigen.

Das Problem ist, dass die neuen Zellen genau das nachmachen, was die alten Zellen vorgemacht haben, wenn sich nicht etwas in deinen Lebensgewohnheiten ändert. Entweder, es kommt endlich einmal ordentliches Essen, damit die Zellen wieder arbeiten können, oder die Laune des Zellinhabers ändert sich, damit der Laden wieder ordentlich läuft. (haha)

Wenn du erkennst, dass **du** deinen Körper in Schuss halten sollst, und etwas in deinem Leben veränderst, dann können die alten Zellen sterben und die neuen Zellen können dann als gesunde Zellen aufwachsen und arbeiten.

Mit den Zellen ist es so wie bei uns Menschen auch:

Wenn ein Schlosser oder Maurer den ganzen Tag schwer am Bau arbeitet und nur einen Magermilchjoghurt und eine Salatgurke isst, dann wird er wahrscheinlich schon um 10.00 Uhr vor Schwäche umfallen. So ein Bauarbeiter, braucht eine ordentliche Brotzeit, eine halbe Bier und noch eine Halbe und noch eine Halbe!!! (haha)

Zellen brauchen Treibstoff, sonst geht nichts. Wir haben sicherlich so eine Art Bonus mitgebracht. Es geht immer eine gewisse Zeit gut, auch ohne viele Vitamine und anderen gesunden Sachen. Nur irgendwann ist der Speicher leer. Beim einen früher, beim anderen erst in späteren Jahren. Dann heißt es immer: Ach, das ist das Alter, dass man krank wird. Nein, das ist gar keine Entschuldigung. Nicht das Alter ist schuld, sondern die falsche Lebensgewohnheit, die man nicht loslassen will und dann dumm aus der Wäsche schaut, weil der Körper jetzt einfach keine Reserven mehr hat.

Das Auto bleibt auch irgendwann einmal stehen, wenn man nicht nachtankt. Erst leuchtet die Warnlampe auf, wenn nur noch 5 Liter Sprit im Tank sind und dann ruckelt das Auto kurz bevor es ganz stehen bleibt. Dann dumm aus der Wäsche zu schauen, warum das Auto nicht ohne Sprit fährt, ist genauso, als ob man sich jahrelang mit Cola, Schokolade und Pommes ernährt und dann erstaunt ist, wenn einem dann ein Bein abfällt (haha).

Schau, es gibt einfach logische Dinge, die man nur verstehen muss und dann kann man sich gut selber helfen.

Verstehen muss man nur, dass die Zellen genauso einen Treibstoff benötigen, wie jeder andere Motor auch, und zwar, und das ist wichtig, den **richtigen** Treibstoff. Wer sich gut mit den Dingen versorgt, die eine Zelle benötigt, hat schon den Großteil für seine Gesundheit beigetragen.

Wer noch einen guten Humor hat und ein liebendes Herz, wird

sicherlich keine großen Probleme mit seinem Körpergefährt haben.

Das ist auch eine spirituelle Aufgabe:

Sei gut zu dir selbst. Kümmere dich gut um dich.

Was könnte es Wichtigeres zu tun geben, als sich um seinen Körper zu kümmern? Wenn der Körper kaputtgeht, dann tut das ordentlich weh und die Seele hat kein Haus mehr.

Ich habe schon so oft in meinem Leben sehen müssen, dass Menschen riesige neue Autos fahren, die ein Vermögen gekostet haben, aber im Supermarkt sich die billigsten Sachen gekauft haben zum Essen… Ohne Worte…

Ich sage mir immer wieder:

„Meine Zellen sind lustig und gut versorgt. Mit jedem Atemzug atme ich das Licht und die Liebe Gottes ein und atme den Schmutz aus meinen Zellen aus."

Ich stelle mir meine Zellen mit offenen Zellmembranen vor, damit alles rein und raus kann.

Gedanken sind Energie. Wenn ich mir vorstelle, in meinem Körper läuft alles glatt, also alles funktioniert problemlos, dann ist das auch so.

So einfach ist das.

0-Punkt Linie

Kennst du auch das Gefühl der völligen Gelassenheit?

So etwas wie:

„Mich kann nichts aus der Ruhe bringen, ich bin sowas von cool? (grins)"

Solltest du auch einmal einen Sitzen gehabt haben, also ein kleines Räuschlein, dann kennst du das sicherlich auch- da wird es einem innerlich richtig warm und Ruhe kehrt ein. Das unruhige Gefühl geht, falls vorhanden, und eine echte chillige Gelassenheit kommt und lässt sich nieder.

Ach schön!!!

Nichts mehr eilt, keine störenden Gedanken mehr, kein Hetzen zu einem weiteren Termin, einfach nichts…

0-Linie.

Man sagt in spirituellen Kreisen auch, das 0-Punkt-Feld hätte man betreten.

Ich gebe dir natürlich jetzt nicht den Ratschlag, dir allabendlich die Kante zu geben, nein, sondern zeige dir einen anderen Weg auf, dahin zu gelangen.

Du kennst sicherlich diese ganzen Höhen und Tiefen im Leben mit den zugehörigen Gefühlen. Mal ist man himmelhochjauchzend, dann zu Tode betrübt. Es gibt eine riesengroße Bandbreite an Gefühlen, die man hier auf Erden erleben darf: Wut, Trauer, Angst, Liebe, Lachen und so weiter.

Wer Stück für Stück aufräumt im Innersten und lernt, die Gefühle alle anzunehmen, die sich aktuell zeigen, kommt immer mehr in dieses Feld, das einen ruhig werden lässt. Es scheint fast so, als ob man im Inneren eines Hurrikans ist- außen tobt der Sturm und innen ist es völlig windstill und gespenstisch ruhig.

Frieden, ja so könnte man es nennen:

Einfach Frieden.

Das Gefühl, egal was draußen los ist, es geht mich nichts an, ich bin ruhig und gelassen. Ich sitze mit meinem Eis auf der Hollywoodschaukel und draußen reißen sie mit dem Presslufthammer die Straße auf, im Nachbargrundstück ist ein Kindergeburtstag lautstark im Gange, der andere Nachbar sägt sein Holz, 100 Meter neben mir ist gerade ein Meteorit eingeschlagen und das Haus hat gerade angefangen zu brennen- egal. Ich sitze mit meinem Eis und grinse vor mich hin und bin einfach nur glücklich..

… Haha, oder verrückt, und die Männer mit den weißen Turnschuhen kommen und holen mich ab, weil ich nicht mehr alle Tassen im Schrank habe!!!

Nein, du verstehst mich sicherlich, falls du schon in die Nähe dieses Gefühls gekommen bist oder es schon kennst. Ich sage jetzt einmal ein umgangssprachliches Wort dafür, das auch passt:

Ein richtiges „Leck mich am A..." Gefühl. (uii, ich weiß, sowas sagt man nicht, aber es trifft es wirklich voll.)

Diese Glückseligkeit ist Erleuchtung. Klar, wer im gegenwärtigen Moment keinen Anlass sieht sich aufzuregen, wird ruhig bleiben.

In diesem 0-Feld, gibt es keine Höhen und Tiefen mehr, es ist einfach immer schön. Wer innerlich aufgeräumt hat, kann nicht mehr angestupst werden, also die Knöpfe können nicht mehr gedrückt werden, weil es sie nicht mehr gibt.

Schau, wir regen uns ja nur deswegen auf, weil wir Innen noch etwas nicht aufgelöst haben.

Ein Hund bellt, das nervt, weil wir ein Problem mit Lärm haben. Lösen wir das Problem, dann hören wir keinen Krach mehr.

Ich wünsche dir von Herzen dieses himmlische Gefühl, denn es ist göttlich.

Wer sich aus ganzem Herzen freuen kann und Luftsprünge macht, wenn er einen Sechser im Lotto hat, ist ein Mensch mit einem offenen Herzen.

Wer nahe der Erleuchtung, oder schon erleuchtet ist, der macht keine Luftsprünge mehr beim Lottogewinn, weil es ihm egal ist, ob er gewinnt oder nicht. Es hat für ihn keine Bedeutung mehr. Das sind alles Dinge im außen, die an Bedeutung nach und nach verlieren. Dass wir uns freuen wie kleine Kinder hat den Zweck, um unsere Herzen zu öffnen. Auch die Wut hat eine Bedeutung, um alten Schrott loszuwerden. Wenn das alles getan ist, ist mein einfach nur:

Cool!!! (grins)

Nichts, oder fast nichts, bringt einen aus der Ruhe, es ist einfach nur noch schön.

Du kennst sicherlich auch ein paar noch lebende Meister, oder Aufzeichnungen von Osho- da kann man gut sehen, wie ihre Liebe aus den Augen rausblitzt, sie aber eine gigantische Ruhe ausstrahlen. Sie sitzen da und nehmen einen riesigen Raum ein, in dem sie Glück und Liebe ausstrahlen.

Diese Energie, die sie um sich herum haben, können andere Menschen heilen oder glücklich machen. Deswegen zieht es Menschen zu solchen Meistern hin, damit sie in deren Energiefeld baden können. So helfen sie den anderen. Nicht in dem sie mit ihnen diskutieren oder ihre Weisheiten eintrichtern, nein, durch ihr **Sein** bewirken sie das Allermeiste.

Darum ist der Weg auch für jeden Menschen derselbe:

Sich in erster Linie um sich selbst zu kümmern, um dann diese Energie an andere Menschen weiterzugeben, das geht automatisch.

Egal wo solch ein Meister hingeht, er putzt ein riesiges Feld mit seiner himmlischen Energie.

Schau, wenn du die Reihenfolge verdrehst und dich zuerst um Menschen kümmerst, obwohl du selbst noch nicht fertig mit dir selbst bist, wirst du nur ausgelaugt und noch langsamer deinen Weg gehen können.

Wende dich von den Menschen ab und gehe **in** dich. Kümmere dich zuerst um deinen eigenen Saustall (zwinker), um dann als eine wandelnde Lichtsäule die Liebe zu den Menschen zu bringen. So hat jeder etwas davon:

In erster Linie **du**, weil es dir rundum gut geht und deine Mitmenschen, weil sie von deinem „Vorsprung" profitieren.

Eine Welt voller Liebe

Solltest du ein Paulabüchleinleser sein, wirst du gleich aufhorchen, bei der Überschrift und vielleicht denken, jetzt fällt ihr nichts Neues mehr ein! (haha). Nein, das soll nur eine Erinnerung sein. Eine Erinnerung an das, was in uns ist:

Die Liebe

Ich bekomme diesen Satz nicht aus dem Kopf und möchte es auch nicht.

Eine Welt voller Liebe, ist eine perfekte Welt, ein Paradies auf Erden.

Wo Liebe ist, gibt es keine Angst, keinen Hass, keinen Neid, keine Wut und keine Habgier.

Wo die Liebe ist, sind die Landschaften blühend und rein. Wo Liebe ist, können alle Lebewesen so wie sie es wollen leben, völlig frei und ohne, dass jemand etwas vorgibt.

Liebe ist das allerschönste Gefühl, das wir fühlen können.

Die Liebe hat uns der liebe Gott mit in unser Herz gelegt, als wir uns auf den Weg in die Dichte gemacht haben.

Die Liebe soll uns immer wieder an unser echtes Zuhause erinnern, den Himmel.

Bald verbinden sich der Himmel wieder mit der Erde und das Paradies ist wieder da.

Liebe, wohin das Auge schaut.

Ein Schmetterling ist ein Lebewesen, das pure, reine Liebe ist. Ein Schmetterling kann nie in die Dunkelheit fallen, dazu ist er gar nicht in der Lage. Somit ist er pure, reine Liebe. Wenn man ihn anschaut, kann man die Liebe sehen.

Es gibt noch Orte, auf der alten Erde, das sind Orte der Liebe. Diese Orte sind noch unberührt von den Menschen, oder nur von liebevollen Menschen bewohnt.

Es gibt diese Orte…

… wenn man sie betritt, ist man in einer anderen Welt. Diese Welt sieht aus wie in einem Märchen. Das Märchen ist Wirklichkeit und ist schon da.

Die Erde, so wie sie einst vom lieben Gott erschaffen wurde, ist uns noch einmal geschenkt worden und wartet darauf, dass wir sie bewohnen.

Hier haben nur liebevolle Menschen Einlass, andere würden sofort wieder alles kaputt machen.

Nein, dieses Mal machen wir es richtig und sind dankbar noch eine Chance bekommen zu haben.

Eine Welt voller Liebe ist schon da und wartet darauf, dass lachende Kinder am Bach spielen und die Menschen zusammen und fröhlich sind. Eine Welt voller Liebe ist das Schönste, was wir bekommen können und wir nehmen es dankbar an, das Geschenk.

Der liebe Gott ist ein guter Mann, er schenkt uns noch einmal dieses Paradies.

Schau, unsere alte Erde war es ja auch einmal. Diese unzähligen Tierarten die wir haben, diese Vielzahl an Pflanzen, ein echter Überfluss wohin man blickt.

Dann kam der trampelige Mensch und die Bösen und fast alles ist kaputt. Eine Schande ist das. Man könnte sich schämen zu dieser Gattung zu gehören, wirklich eine Schande ist das, wie alles ausschaut mittlerweile.

Aber, jetzt ist Schluss. Wir ziehen um und drehen der alten Welt den Rücken zu und gehen lachend auf die neue Erde.

Danke, lieber Gott, für die 2. Chance!

Ich weiß, du, der du das liest, freust dich genauso wie ich, wenn wir endlich wieder zuhause sind. Zeit wirds.

Ist der Kanal rein?

Nein, natürlich meine ich nicht den „normalen" Kanal. (grins)

Kanal nennt man Menschen, die mit der geistigen Welt verbunden sind, oder besser gesagt sich verbinden, wenn sie etwas wissen möchten.

Übrigens, da fällt mir noch etwas ein:

Falls es dir aufstoßen sollte, wenn ich den lieben Gott als Mann bezeichne und nie die weibliche **und** männliche Form benenne, wenn ich etwas erzählte, dann sage ich dir:

Ich rede und schreibe so, wie ich es immer schon getan habe und benutze meine Muttersprache, bayerisch, immer noch so, wie ich es gelernt habe und nicht anders.

Wenn jetzt plötzlich der Mond eine Frau sein soll, oder der liebe Gott, dann sage ich dir, bei mir nicht. Weißt du, eine Sprache hat etwas mit Wurzeln zu tun. Eine Sprache, gerade der Dialekt zeigt uns, wo wir herkommen. Wenn jetzt plötzlich ganz „Gescheite" etwas ändern wollen, dann nur um unsere Wurzeln zu entfernen. Das mache ich nicht mit. Wer sich als Frau oder Mann minderwertig fühlt, weil etwas so und nicht anders heißt, der sollte ein bissal nach seinem Ego schauen, ob das nicht wieder etwas einflüstert, um einen zu ärgern.

Schau, so ist es mit der ganzen Emanzipation auch:

Ganz ehrlich, das ist alles nur gemacht worden, um die Menschen ganz kirri kirri zu machen.

Ich möchte keine Gleichstellung mit einem Mann, wozu auch? Ich möchte mit gar niemanden gleichgestellt sein, weil ich ein einzelner Mensch bin und mit niemandem vergleichbar bin. Jeder Mensch ist individuell und auf **seinem** eigenen Weg. Manchmal kommen wir als Männlein, manchmal als Weiblein auf die Welt. Was macht das für einen Unterschied? Einmal wollen wir **das** und das nächste Mal **das** erleben.

Minderwertig fühlt sich nur jemand, der noch was zu lernen hat. Das hat aber nichts mit irgendwelchen Bezeichnungen zu tun.

Männer sind ganz anders als Frauen. Wie könnten wir **gleich** sein?

Haha, da wüsste ich viele Beispiele die zeigen, dass Männer **ganz** anders sind als Frauen. Jede Frau, die schon ein paar Jährchen verheiratet ist, wird mir da recht geben. (haha)

Es ist toll eine Frau zu sein. Es ist auch toll, wenn man zu einem Mann gehen zu kann um sich helfen zu lassen. Männer helfen gerne, weil sie sich dann stark fühlen können.

Als ich damals arbeitete, bin ich immer zu den Männern, wenn ich etwas nicht aufbekommen habe oder etwas schwer war zu tragen. Die Männer machen das echt gerne. Die meisten Frauen wollten das nicht, weil sie „beweisen“ wollten, dass sie keine Männer brauchen, und alles alleine können...

Liebe Frauen, der liebe Gott hat sich etwas dabei gedacht, als er 2 Geschlechter auf die Erde geschickt hat. Erstens, dass unsere Art nicht ausstirbt und zweitens, dass wir uns gegenseitig ordentlich ärgern können, um zu lernen. (haha)

Nein, auch damit, dass jeder **seine** Rolle voll ausfüllt.

Das nur am Rande, damit du weißt, warum ich diese neuen Dinge nicht mitmache- und natürlich auch, weil es den Lesefluss stören würde, wenn ich immer die zwei Geschlechter aufzählen müsste.

Zurück zum „reinen Kanal".

Ich muss immer lachen, wenn ich Kanal schreibe, aber gut, so nennt man das, wenn sich jemand mit dem Himmel verbindet, also eine Leitung zu den himmlischen Bewohnern hat.

Wenn du eine Botschaft von einem Medium liest, weißt du natürlich nicht, inwieweit sich der Mensch selbst säubert und wo er sich einklinkt.

Das kann man nur wissen, wenn man jemanden persönlich kennt, der einem das erzählt und man ein gewisses Vertrauen aufbauen kann.

Jemand, der heilt oder andere spirituelle Arbeit verrichtet, der klinkt sich in die geistige Welt ein. Das ist, als ob man telefonieren würde, da kommt es auch darauf an welche Nummer man wählt, dementsprechend ist dann jemand am anderen Ende.

Es ist so, wenn jemand stirbt und ist zu Lebzeiten ein Idiot, nur so als Beispiel und pauschal gesagt, dann wird er, nur weil er tot ist nicht zum geistigen Überflieger. Wenn jemand auf Erden ein Leben in sehr niedrigen Schwingungsebenen verbringt, dann wechselt er ins Jenseits und verbleibt hier auch in eher niedrigen Ebenen. Das Jenseits, ist ja nicht nur ein einziger großer Raum, wo Verstorbene und Engel alle miteinander leben, nein, das sind ja für uns unvorstellbare Welten. Da gibt es Dimensionen- unendlich viele.

Manche Seelen sind sogar erdgebunden. Das sind jene, die sich nicht vom Acker machen wollen. (haha)

Das gibt es zuhauf.

Schau, da wird vielleicht jemand sehr schnell aus dem Leben gekickt, vielleicht durch einen Unfall oder gar einen Mord und dann schaut die Seele belämmert, weil sie so erschrocken ist plötzlich tot zu sein, dass sie noch eher die Erde vorzieht, als den Himmel. Sie denkt, sie würde noch leben und verweilt einfach auf der Erde weiter unter den Menschen. Sicher, die Seele wundert sich vielleicht, weil keiner mehr mit ihr spricht, aber trotzdem bleibt sie hier, schon aus Trotz. Manche Seelen hängen sich in ein Energiefeld von einem Menschen, der ihnen ähnlich ist. Zum Beispiel gibt es Raucher, oder Trinker, da hängen diese Seelen sich an, und haben dann noch das Gefühl wie es ist eine zu rauchen. Das ist vogelwild, aber das gibt es sehr, sehr oft. Diese Seelen oder andere dunkle Gestalten, die sich an Menschen hängen, kann man sanft wegschicken, da kenne ich eine tolle Dame, die hat viel Erfahrung und ist ein echter Profi. Falls du einmal nicht weiterkommst, melde dich gerne bei mir, dann kann ich den Kontakt herstellen.

Sollte sich ein Medium nicht mit der bedingungslosen Liebe verbinden, sich erden und mit der Urquelle verbinden, dann wird es irgendwo landen, das kann nicht schlecht sein, aber manchmal auch schon. Es gibt gerade in der Astralebene viele ungute Geister, die gerne Menschen ein wenig auf den Arm nehmen oder sich wichtig machen.

Engel erreicht man immer nur mit der bedingungslosen Liebe, das geht gar nicht anders.

Ich wollte dir nur den Tipp geben, darauf zu achten, was du als wahr annimmst, wenn du etwas liest.

Wie bei allem anderen auch, ist es gut, sich auf sein Gefühl zu verlassen.

In der alten Erde ist die Luft raus

Geht es dir auch so ähnlich? Die alte Welt funktioniert irgendwie nicht mehr.

Egal wo man hinschaut, nur noch Baustellen, im übertragenen Sinn und Chaos. Irgendwie zerbröselt die Erde mit dem ganzen System. Gut, für Menschen, die noch richtig eingewoben sind in dieser Welt, für die ist das Gefühl sicherlich ein anderes. Da wird oft eine Wut geschürt, weil das Leben einfach nicht mehr leicht ist, sondern anstrengend.

Ich möchte aber nur von dir sprechen, du, der du gerade diese Zeilen liest. Du bist ein Aufstiegskandidat, wenn ich das so sagen darf, sonst würdest du nicht dieses Büchlein in Händen halten.

Du empfindest diese Zeit völlig anders, als jemand, der sich gar keine Gedanken über so etwas wie einen Dimensionswechsel oder Polsprung macht.

Das sind diese zwei Welten, in der wir gerade leben.

Manchmal denke ich mir, es ist schon irgendwie richtig unreal. Wenn man jetzt nicht wirklich im Alltag sehen und spüren würde, dass es zwei Welten gibt, dann würde ich denken ich spinne.

Klar, ich tue mich leichter, weil ich einen super Draht in die geistigen Reiche habe, aber trotzdem bin ich ja auch ein Mensch mit einem Körper, der hier ganz normal leben darf und muss.

Je mehr die Zeit voranschreitet. Umso schlimmer wird die alte Welt, das ist definitiv so. Ich komme aus dem Kopf schütteln gar nicht mehr heraus. Ich frage mich wirklich, ob der Teufel alle seine Türen aufgemacht hat und alles herauslässt. (haha) Nein, natürlich wissen wir alle von der Endzeit und dass die nicht schön sein wird, aber manchmal ist es schon ein bisschen gruselig. Da kann man wirklich nur immer und immer wieder einen Ausflug auf die neue Erde machen, damit man die Zeit gut herumbringt.

Die neue Erde kann man fühlen, das ist schön. Immer dann, wenn man voll und ganz im Hier und Jetzt ist, also völlig in den Moment eintaucht, ist man schon da, so einfach ist das.

Wenn du eine Oma bist und mit dem Enkel Bausteine spielst, dann bist du schon da. (du kannst auch ohne Enkelkind spielen, grins)

Völlig versunken in eine Tätigkeit, ob das im Garten ist, beim

Schweißen oder Kuchen backen, egal, ohne Gedanken zu sein und ganz Hier, dann ist man in der höheren Dimension.

Wenn du dein Herz ganz weit öffnest und in die Natur gehst, und die Engel bittest dich auf die neue Erde zu führen, dann machen sie das und du wirst staunen, was du alles zu sehen bekommst. Mach das, es ist der Hit!

Selbst wenn du alte Wege gehst, also bekannte Orte besuchst, wenn du einen geistigen Führer mitnimmst und ihn bittest auf die neue Erde zu gehen, wirst du völlig neue Dinge sehen und dein Herz wird überfließen vor Liebe und Rührung.

Die Prophezeiung lautet:

Die alte Erde vergeht und eine neue entsteht.

So ist das.

Gute Nerven brauchen wir zum Schluss, das ist definitiv so. Egal wohin man schaut, sind Menschen krank und in Not.

Es ist wirklich wichtig, sich aus diesen Dramen herauszunehmen. Es ist nicht gemein, wenn man Menschen, die einen anderen Weg gewählt haben, in ihrem Leben lässt.

Sie wollen meist auch unsere Hilfe gar nicht. Sie vergessen uns und sehen uns nicht mehr. Wir werden richtig unsichtbar für die alten Erdenbewohner. Geht dir das auch so?

Sei nicht traurig. Es gibt viele Menschen, die so sind wie du und die sich freuen, mit dir in Zukunft schön zu leben.

Es macht auch viel mehr Spaß, mit Menschen Zeit zu verbringen, die ähnlich ticken, wie man selbst.

Ich weiß, es ist schwer, das alte Leben aufzugeben, aber es hilft nichts. Wer sich entschieden hat auf eine höhere Ebene zu wechseln,

muss das Alte aufgeben. Haha, kommt mir gerade ein Bild mit einem Spagat- irgendwann geht das nicht mehr, dass man ein Bein auf der alten Erde hat und das andere auf der neuen Erde.

Irgendwie scheint es, als hätte man keinen Platz mehr auf der Erde, wie, als ob man schon ausgewiesen ist und nur noch ein Statist hier ist. (grins)

Dieser Zustand ist natürlich endlich und kann gut abgewartet werden. Um auch gesundheitlich gut durchzukommen, ist es unabdingbar seine Schwingung gut oben zu halten, wie auch immer du das für dich machst. Wer hochschwingt, ist guten Mutes und auch gesund.

Ich kann nicht genug davor warnen, sich in die Dramen der alten Erde hineinzubegeben, das geht garantiert ins Auge.

Vielleicht bist du auch ein besonders guter und hilfsbereiter Mensch und siehst, wie die Menschen um dich herum leiden und du möchtest unbedingt helfen. Ich gebe dir einen guten Rat:

Lass das sein!

Erstens kannst du den Menschen nicht helfen, sie haben ihren Seelenplan und der sieht vor, dass sie dieses Drama miterleben wollen und zweitens tut dir das selber garantiert, nicht gut.

Du musst dafür deine Schwingung enorm senken und wirst noch mehr an Energie verlieren, wenn du hilfst.

Das, was jetzt auf der Erde abgeht, ist kein Kindergeburtstag, eher wie ein riesengroßer Krimi.

Ich bin wirklich die Allerletzte, die zum Wegschauen rät, aber in diesem Fall ist Wegschauen, der allerbeste Selbstschutz. Wenn du emotional nicht ganz so „abgebrüht" bist (lächel) dann könnte dich das sogar in eine Depression hineinzwingen.

Du, ich kann wilde Sachen im Fernsehen gar nicht anschauen, geschweige in echt! (lächel, das war kein Witz)

Schau, es ist so, unser aller Seelenplan, also das Drehbuch für die

Jetztzeit steht seit vor der Geburt fest. Die „Harten" spielen Drama, die Weicheier verziehen sich auf die neue Erde. (haha)

Lass die Menschen ihren Seelenplan durchziehen, du möchtest auch nicht von deinem Weg abgebracht werden. Falls es für dich gruselig ausschaut, was manche Menschen erleben, dann erinnere ich dich jetzt daran, dass du auch so etwas oder etwas Ähnliches erlebt hast, in einem früheren Leben. Du bist jetzt nur schon so weit, weil du unzählige Male schlimm krank warst, gefoltert wurdest oder gar abgemurkst worden bist. Wir wollten als Seele ja ein bisschen Aktion erleben. Ohne Drama, das haben wir ja im Himmel, wo alles Friede, Freude, Eierkuchen ist.

Die Erde schwingt jetzt noch in der dritten Dimension, ist aber schon am Höherschwingen. In dieser niedrigen Schwingung gibt es nun einmal Leid in allen Facetten.

Man muss sich das immer alles von der Seelenebene anschauen.

Nur durch Leid lernt der Mensch, das ist einfach so. Das Bewusstsein wird erst durch schmerzliche Erfahrungen wachsen. Also nimm deinen Mitmenschen nicht diese Erfahrung. Sei einfach in deinem Leben so gut es geht im Hier und Jetzt, dann kommst du gut durch die Zeit.

Schütze dich immer gut, wenn du dich mit anderen Menschen abgibst, das ist wichtig und öffne dein Herz. Wenn du in der Früh mit positiven, liebevollen Gedanken in die Welt gehst und gaaaaaaaaanz viel Liebe hinauslässt und einen guten Humor hast, dann machst du die Welt ein bisschen besser. Du fühlst dich gut und deine Schwingung heilt deine Mitmenschen.

So kannst du den anderen helfen, ohne bewusst etwas zu tun, nur alleine durch dein Sein heilst du andere, und du selbst nimmst keinen Schaden-

Das ist echte Lichtarbeit.

Jemand, der sich selbst in das Leid anderer hineinbegibt, hilft gar niemanden. Ruck zuck, ist die eigene Schwingung unten und man kann dem anderen auch nicht mehr helfen.

Schlauer ist es, die eigene Schwingung hochzuhalten und einfach nur zu **Sein**. Nicht mehr und nicht weniger.

Durch das hochschwingen, wird alles, was in der Nähe ist geheilt und getröstet.

Mache nicht den Fehler und gehe auf die Ebene der anderen, das kann für dich ins Auge gehen und die anderen bekommen keinerlei Energie von dir, weil du keine mehr hast.

Dein Hauptaugenmerk sollte sein (wenn ich dir das so raten darf) immer deine Energie hochzuhalten.

Strahlen, was das Zeug hält.

Versuche immer zu grinsen, auch wenn du alleine bist. (Ich bin erst mit grinsendem Gesicht geblitzt worden, alleine im Auto!!! haha)

Wer lächelt, kann nicht grantig sein.

Falls deine Schwingung abfällt, was ganz normal ist, jeder bekommt einmal Hunger oder etwas nervt, dann drehe gleich wieder um. Steige in den Aufzug ein und auf der Wolke 7 aus und du fühlst dich gleich wieder super.

In dieser guten Laune, kannst du, trotz der ganzen miesen Stimmung im außen, mit deinem Grinsen, die Menschen zum Lachen bringen. Es gibt immer irgendetwas, das lustig ist.

Die Menschen werden dich mögen. Menschen fühlen sich hingezogen zu jenen, die Gaudi machen. Wer lacht nicht gerne? Jeder lacht gerne, Manch einen kann man aus dem Loch herausholen, nur mit einem Witz.

Erzengel Michael nimmt uns mit

Ich weiß nie, wenn ich ein Büchlein schreiben soll, was am Ende herauskommt, das ist wirklich so. Ich habe gar keine Vorstellung, welche Kapitel es zu tippen gibt- ich bekomme wirklich erst dann, wenn ich an der Tastatur sitze, die Sätze gesagt, das ist vogelwild. Wenn ich es nicht selbst machen würde, ich könnte das gar nicht glauben. Früher, war ich auch ein bisschen skeptisch, als ich hörte es gibt so etwas wie ein Schreibmedium… na ja…

Ich möchte so ein Wort für mich nicht benutzen, das hört sich zu hochgestochen an, aber ich möchte, dass du weißt, dass ich wirklich tippe wie verrückt und so schnell niemals selbst denken könnte. (haha, na ja, das mit dem Denken ist so eine Sache… grins)

Ich bin überrascht, dass sich Erzengel Michael angekündigt hat, damit hatte ich gar nicht gerechnet, aber so ist das immer, es kommt wie es kommt. Ich bin natürlich neugierig, was er zu sagen hat.

Interessant ist auch, **falls** es dich interessiert (lächel), dass ich nur Infos vom Himmel bekomme, wenn ich schreibe. Nein, auch zwischendurch auch ohne schreiben, aber das allermeiste kommt wirklich beim Schreiben. Deshalb kann ich auch die Botschaften anbieten für einzelne Menschen, weil ich die auch schreiben kann. Persönlich sagen, könnte ich das nicht- vielleicht später einmal.

So, jetzt soll ich still sein- Michael ist jetzt da

Mächtige Himmelslegionen sind bereit, die Menschen über die Lichtbrücke auf die neue Erde zu führen. Es wird viel spektakulärer, als der Auszug aus Ägypten, sein. Die Menschen aus allen Erdteilen werden in das Paradies geleitet werden. Jeder für sich, beschützt durch einen himmlischen Begleiter. Engel werden vom Himmel darnieder kommen, um die lichten Menschen eines jeden an der Hand zu führen. Jede Seele, die der Wahrheit folgt, wird schützend begleitet. Nur die, die reinen Herzens sind, werden auf die neue Erde geleitet. Sünde ist über die Erde seit Äonen gekommen. Der Mensch ist nicht mehr gottesfürchtig, sondern folgt falschen

Göttern. Nichts hat sich geändert. Die Erde ist ein Sündenort geworden und die sündigen Menschen werden ihre gerechte Strafe erhalten. Gott wird richten. Die Posaunen tönen und die, die reinen Herzens sind, werden leben und die Sündigen vergehen. Ich bin Erzengel Michael und werde euch schützen, die ihr Gott in eurem Herzen folgt. Habt keine Angst. Seht nicht hin, wenn das Ende naht. Das Ende ist euer Anfang. Das Ende ist nicht euer Ende, sondern der Beginn eines Lebens im Paradies. Habt Freude im Herzen, es beginnt eine Zeit voller Liebe und Leichtigkeit. Der Himmel kommt auf die Erde und ihr seid das Bindeglied. Seid gewiss, es wird ein großes Fest gefeiert werden, wenn der Teufel vertrieben ist. Ich werde mit meinem Schwert das Böse trennen von dem Guten, die Liebe wird fortan regieren. Angst, Drangsal und Neid wird es nicht mehr geben. Die Dunkelheit verschwindet für immer, so steht es geschrieben. Die falschen Götter, die, die Menschen angebetet haben, werden ihr Untergang sein. Der wird leben, der Gott folgt, dem wahren und einzigen Gott. Gott, der die Wahrheit verkündet und der die Liebe ist. Es gibt nur den einen wahrhaftigen Gott, der in euren Herzen wohnt. Ihr seid gesegnet und geführt von den Himmelslegionen und von mir, Erzengel Michael.

Schlusswort

Puh, das war mächtig!

Danke lieber Michael.

Dem ist gar nichts mehr hinzuzufügen, oder?

Worüber sollen wir uns noch aufregen oder gar ängstigen, wenn die mächtigsten Himmelsfürsten, voran der Erzengel Michael, uns Geleit geben und uns schützen?

Welches Tagesereignis könnte uns noch aus der Ruhe bringen? Ich denke gar keines.

Weißt du, wenn man sich um seine Alltagsprobleme sorgt, dann sind das alles Geschichten, die mit dem Leben an sich zu tun haben, also mit der Materie. Seelisch ist das alles 0-Problem. Aber klar, essen müssen wir trotzdem noch und auch ein Dach über dem Kopf brauchen wir auch. (und eine Wärmflasche im Winter)

Du hast die Botschaft gerade gelesen. Kannst du diese mächtige Energie im Herzen fühlen? Spürst du diese gigantische Kraft auch?

Weißt du, wenn ich die „Kasperlen" manchmal im Fernsehen so anschaue, dann muss ich grinsen, weil aufregen tun mich die schon lange nicht mehr. Ich denke mir dann immer: „Mei o mei, ihr habt gar keine Energie". Ich fühle Energien, und fühle da gar keine, bei denen. Nur Luft, keine Energie, keine Ausstrahlung, kein nichts.

Die himmlischen Legionen, die können mit einem Handstreich eine Energie herniederregnen lassen, da könnte auf einmal alles weg sein, oder im Gegenzug auch alles erschaffen sein.

Sie sind Schöpfer. Unser Herrgott ist Schöpfer. Die Liebe ist das Zauberwort, der Schlüssel. Ohne Liebe gibt es keine wirkliche Macht. Seelenlose Hüllen machen bloß Wind und tun so, als ob sie Macht hätten, das hätten sie gerne.

Ohne Liebe geht gar nichts. Nur mit der Liebe kann man Schöpfer sein, ohne geht überhaupt nichts.

Lass dich nie von großen Reden beeindrucken, wenn keine Liebe mitschwingt. Dann kannst du dich umdrehen und weggehen, weil es keine Bedeutung hat.

Das ist, also ob du ein Zeichentrickheftchen anschaust, da sind auch nur Bildchen drinnen, sonst nichts.

Fühle immer mit, wenn du jemanden zuhörst. Wenn keine Liebe mitschwingt, kannst du gleich wieder gehen, oder den Fernseher ausschalten, weil es nur Luft ist, sonst nichts.

Wozu Lebenszeit verschwenden? Es ist ohne Belang, wenn du etwas hörst, das nicht voller Liebe ist.

Lade dir keine schlechten Energien in dein Energiefeld, die brauchst du nicht. Michael ist bei uns, was brauchen wir mehr? Diese Macht, die er hat, ist unüberwindbar, das ist eine klare Sache.

Vertraue zu 100 Prozent dem Himmel, dann bist du auf dem richtigen Weg auf die neue Erde.

Wer wahrhaftig ist und aufrichtig, wer die Liebe in seinem Herzen hat und seinem Herzen immer folgt, wird leben und als Dank ein Leben im Paradies geschenkt bekommen.

Michael führt uns heraus aus der Knechtschaft und rein ins Paradies-

das ist unser Geburtsrecht.

Vielen Dank, liebe Engel, lieber Michael und lieber Gott.

Vielen Dank, liebe Leserin und lieber Leser, dass du wieder ein Paulabüchlein, das vom Himmel geplumpst ist, gelesen hast.

Wir sehen uns, garantiert.

Es wird ein Fest geben. Ich denke, da sind wir uns einig:

Da lassen wir es ordentlich krachen.

Ein Leben in Freiheit und Frieden erwartet uns bereits-

den Rest machen wir mit links.

Wir sind viele, wenn wir auch verstreut auf dem Planeten sind.

Die Liebe in unseren Herzen sendet ein Signal aus und so „erkennen“ wir uns und finden zueinander.

Schön, dass es dich gibt, ich freue mich sehr dich kennenzulernen.

Ein schönes Leben.

In diesem Sinne,

geben wir voller Vertrauen unser Leben in himmlische Hand.

Welch ein Segen,

hier mit dabeisein zu dürfen.

Deine Paula Himmelreich

Falls du jetzt Lust auf mehr bekommen hast, kannst du noch weitere Büchlein von mir auf **Amazon** unter **Paula Himmelreich**

beim **Amra-Verlag**: Die Transformation der Menschheit,

jetzt auch als **Hörbuch**

amraverlag.de

oder in meinem Blog: **paulas.gratislicht.de** unter **Paulas Bücher**

finden.

Taschenbücher kannst du auch bei Naturkost Noderer bestellen:

naturkost-noderer.de

Vielen herzlichen Dank für dein Interesse

und deinen Kauf meines Büchleins.

Meine Bücher sind als eBook und als Taschenbuch erschienen:

Lebe jetzt frei und ohne Angst -

Maximale Freiheit ohne Panik und Angst

♡♡♡

10 kg Abnehmen in 14 Tagen -

Endlich frei von Neurodermitis und Migräne

♡♡♡

Vergiss alle Erwartungen und sei glücklich

♡♡♡

Raus aus dem Hamsterrad- rein ins glückliche Leben-

Minimalismus ist das Zauberwort

♡♡♡

Einfach grundlos glücklich sein -

Der ultimative Glücksratgeber

♡♡♡

Die neue Erde ist schon da -

Eine Botschaft aus der Urquelle

♡♡♡

Das Leben auf der neuen Erde -

Eine Navigationshilfe aus der Urquelle

♡♡♡

Auf die neue Erde kommst du nur ohne Ego -

Schubse das Teufelchen von deiner Schulter

♡♡♡

Verlasse die Achterbahn der Gefühle -

Tauche ein in die Woge der Glückseligkeit

♡♡♡

Eine Botschaft aus der Urquelle -

Paulas Reise auf die neue Erde

♡♡♡

Heilung durch Hingabe -

Mit einer Botschaft von Erzengel Raphael

♡♡♡

Wünsche erfüllen sich leicht, wenn du zuhause bist- *GLÖCKCHEN 1*

Paulas Erkenntnisse für ein leichteres Leben

♡♡♡

Himmlische Beziehungen - *GLÖCKCHEN 2*

Paulas Erkenntnisse für ein leichteres Leben

♡♡♡

Die neuen Kinder sind schon da

Eine Botschaft an die Jugend - für das Leben auf der neuen Erde

♡♡♡

Ein Buch voller Liebe-

Ein Geschenk des Himmels - *GLÖCKCHEN 3*

♡♡♡

Die Schleier lichten sich

Eine Botschaft mit Erzengel Michael

♡♡♡

Wende dich von Energieräubern ab -

Gib Burnout keine Chance

Lasse jetzt deinen Antriebsmotor immer hochtourig laufen

♡♡♡

77 Himmlische Geschenke um deine Schwingung zu erhöhen - *GLÖCKCHEN 4*

Paulas Erkenntnisse für ein leichteres Leben

♡♡♡

Gib deinen Süchten den Engeln mit-

Die weisse Lilie- Eine Botschaft von Erzengel Chamuel

♡♡♡

Paulas heile Welt-

Eine Vision für eine sehr nahe Zukunft von der neuen Erde

♡♡♡

Die Welten trennen sich-

Es wird Zeit sich auf den Weg zu machen

♡♡♡

Das erste Buch der neuen Erde -

Mit einer Botschaft von Henoch

♡♡♡

Der Wind der Veränderung

Eine wundervolle Botschaft aus dem Himmel

♡♡♡

Das Leben ändern ist einfach - *GLÖCKCHEN 5*

Mit einer Botschaft von Jesus

♡♡♡

Die Liebe und das Lachen sind die Lichtbrücke auf die neue Erde

Erzengel Jophiel und die Wahrheit

♡♡♡

Das Lexikon der neuen Zeit

Die himmlische Verbindung mit Metatron

♡♡♡

Dankbarkeit ein Schlüssel zum Glück

Eine Botschaft von Petrus

♡♡♡

Die weisen Frauen sind wieder da

Eine Botschaft für die Heilsbringerinnen der neuen Zeit

♡♡♡

Eine Welt voller Liebe

Mit einer Botschaft aus dem Reich der Seraphim – *GLÖCKCHEN 6*

♡♡♡

Empathen können auch glücklich sein

Alte Seelen sind Erdenhüter und Lichtanker - *GLÖCKCHEN 7*

♡♡♡

Die Himmelsleiter zur Glückseligkeit

Ein Engelbuch der besonderen Art

♡♡♡

Heilung aus dem Garten Eden

Mit einer Heilenergieübertragung von Erzengel Raphael

♡♡♡

Eine wundervolle Reise der Erkenntnis

Mit dem Zielort Paradies

♡♡♡

Die Transformation der Menschheit

Ein Himmelsdekret

erschienen im Amra - Verlag

♡♡♡

Der Himmel auf Erden ist schon da

Mit Liebe und Lachen ist alles ganz leicht

♡♡♡

Das ist unsere Meisterschaft

Die himmlischen Heerscharen sind unsere Lehrmeister

♡♡♡

Himmlische Botschaften die das Leben leichter machen

Die Wahrheit ist immer ganz einfach

♡♡♡

Impressum

Paula Himmelreich

Postfach 1

86846 Fischach

Printed by Amazon Italia Logistica S.r.l.
Torrazza Piemonte (TO), Italy

37905318R00082